创业战略

投资人眼中的成功创业路径

赵剑海 ◎ 著

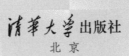

清华大学出版社
北京

内 容 简 介

本书遵循创业规律，把风险投资行业中的方法和工具结合实际案例提炼成创业战略的概念及创业战略制定七步法。本书包含多项创新内容，如提出战略三要素、发现了创业机会的四种驱动力、首创了赛道地图制造方法等。此外，还提出路径是创业战略的核心，介绍了战略路径设计的四维度模型、创业从 0 到 100 的六个战略阶段、创业的六条断裂带、六种坏战略等启发性观点。

本书旨在为初创企业、中小型企业、大型企业开展新业务提供一套通用的业务战略制定方法。本书可拓展创业者、企业家的战略认知，帮助企业少走弯路，科学创业。

图书在版编目（CIP）数据

创业战略：投资人眼中的成功创业路径 / 赵剑海著.

北京：清华大学出版社，2024.8. -- ISBN 978-7-302
-66901-2

Ⅰ. F241.4

中国国家版本馆CIP数据核字第2024JQ6706号

责任编辑： 张尚国
封面设计： 秦　丽
版式设计： 文森时代
责任校对： 马军令
责任印制： 刘　菲

出版发行： 清华大学出版社
　　　　　　网　　　址：https://www.tup.com.cn，https://www.wqxuetang.com
　　　　　　地　　　址：北京清华大学学研大厦A座　　　邮　　编：100084
　　　　　　社 总 机：010-83470000　　　邮　　购：010-62786544
　　　　　　投稿与读者服务：010-62776969，c-service@tup.tsinghua.edu.cn
　　　　　　质量反馈：010-62772015，zhiliang@tup.tsinghua.edu.cn
印 装 者： 三河市东方印刷有限公司
经　　销： 全国新华书店
开　　本： 148mm×210mm　　　**印　　张：** 8.875　　　**字　　数：** 167 千字
版　　次： 2024 年 9 月第 1 版　　　**印　　次：** 2024 年 9 月第 1 次印刷
定　　价： 56.00 元

产品编号：105126-01

如何发现创业机会？如何认识创业机会？机会痛点化、创业窗口期对创业有什么重大影响？

第二步，审视资源禀赋。主要内容包含：评估项目重点关注哪些资源？什么才是资源优势？如何弥补资源短板？怎样依据资源条件选择创业方向？

第三步，制作赛道地图。主要内容包含：赛道地图在创业中有什么重要作用？赛道地图的四大维度是什么？赛道地图如何制作？

第四步，选择立业路径。主要内容包含：为什么说路径是战略的核心？如何利用赛道地图辅助设计战略路径？什么时候应该聚焦路径，什么时候应该发展"第二曲线"？

第五步，明确创新重点。主要内容包含：什么是创业创新不可能三角？品类创新型项目要注意什么？市场创新型项目要注意什么？商业模式创新型项目要注意什么？为什么说非创新点上要会拼接与模仿？

第六步，确定三年目标。主要内容包含：如何确定战略目标？合理的战略目标要遵循什么原则？创业从 0 到 100 要经历哪六个阶段？

第七步，设计竞争支点。主要内容包含：为什么要设置支点？支点应该选择在什么价值环节上？如何把先发优势转化为"护城河"？

第三部分内容覆盖第九章和第十章，讲述创业战略制定要点，以及初创企业、中小型企业、大型企业在什么情景下，适合用创业战略指导解决公司的生存与发展问题。

公司业绩增长有两种：一是抢市场份额；二是开发新机会。前一种对应竞争战略，后一种对应创业战略。本书系统讨论了创业从 0 到 100 的成长规律，总结出适用于新业务开展的战略制定方法。这套方法不仅适用于初创企业，也适用于大企业开拓新业务。希望本书能给广大的创业者和投资人提供有益的参考和启示。在经济复苏中，帮助各类型企业抓住政策、技术带来的机遇，建立新业务，开拓国际市场，成功获得结构性增长。

作者

2024 年 8 月 1 日

目录

第1章　什么是创业战略

创业的本质不是竞争，而是发现机会，建立团队开发机会。创业是开拓，是创新。开拓创新就伴随高风险，创业成功需要的不仅仅是勇气，还有应对风险的智慧。

创业需要吸取前人的教训，认识创业规律，依据创业规律制定公司战略。

1.1 创业的六条断裂带

作者做投资近二十年了，接触过大量的创业者，也和很多创业者长期保持深度沟通，发现大多数创业者都很焦虑。他们焦虑什么？当然是担心公司创业失败。

创业过程九死一生。公司要想创业成功，成为一个拥有稳定业务体系，在行业中占据有利地位的成熟公司，需要闯很多关卡。创业路上有六条断裂带。这六条断裂带是创业失败最集中的地带。多数创业项目会倒在其中某一条断裂带上。能够顺利通过全部六条断裂带的创业项目是幸运的，也是少之又少的。这六条断裂带是：

第一条，创业机会断裂带。

第二条，资源与机会匹配断裂带。

第三条，市场破局断裂带。

第四条，商业模式闭环断裂带。

第五条，成长节奏断裂带。

第六条，行业毁灭断裂带。

作者见证过几轮创业浪潮期。创业浪潮涌起时有大批创业者下海创业。他们中的很多人对于要抓的创业机会其实并没有清晰的认知，就是觉得不想打工了，然后就开始创业。这样的创业者既有所谓的"草根"，也有大厂、跨国公司的"金领"。没有认识清楚机会就开始的项目，一般一两年后就会销声匿迹。没有找对机会是创业失败的第一大原因。

另外一些项目倒在了资源与机会要求不匹配上。创业者选了自己不擅长、不喜欢做的方向。电商创业机会到来，有制造业背景的人和有宝洁背景的人，谁更有资源条件干成电商品牌项目？当然是有宝洁背景的创业者的成功概率大。事实也是如此。作者就见过有制造业背景的人决定创业做一个消费品品牌。虽然技术、产品品控都搞得不错，但就是做不出让用户喜欢的产品。而且，拥有制造业背景的人对品牌营销的理解往往也不到位，觉得品牌营销就是花钱做广告，花钱买流量，结果被广告公司或平台收割，花光了资金之后，项目草草收场。不仅是电商领域，其他领域也一样。在科技领域，项目创业团队因技术能力不足导致项目失败的例子也很多。资源达不到开发机会的内在要求是初创项目失败的常见原因。

机会和资源对了，项目也不一定就能顺利启动。创业除了开拓市场还需要找到破局点，找到打开机会的切入点。创业需要通过破局点开启市场大门。移动互联网普及后，有一批创业者看好汽修汽配产业数字化升级的机会。他们纷纷成立公司，组建团队，筹措资金试图开发这个机会。有从配件供应链切入的，有从建立配件标准数据库切入的，有从汽修维修工查询 App 切入的，还有从汽配店调货切入的。不同的创业者根据自己的理解和观察，选择了不同的破局点。十年过去了，仅有做汽配维修查询的 App 项目还活着。作者认识的从其他点切入的项目拿到的投资更多，却都倒闭了。从哪个细分市场，哪种需求切入，很考验创业者的洞察力。没能找到正确的破局点，也是初创项目失败的常见原因。

通过初创阶段的断裂带打开了市场，公司就会有客户、有收入。但是公司又会面临新的考验——商业模式闭环。未能建立健康、能够赢利的商业模式的项目，创业还是会失败的。在智能制造设备、管理软件等需要实施的行业，创业公司看上去毛利率高，但是销售回款慢，实施成本高。一不小心，创业公司就会被交付和应收账款拖死。在作者投资的项目中，就有因此而失败的。还有些项目，公司的商业模式本身没有问题，因为创业者的主观原因，公司没有建立健康的模式。前些年，风险投资活跃，项目融资容易。很势的一系列综合的、协调的约定和行动。

　　企业战略是对企业各种战略的统称，其中既包括竞争战略，也包括营销战略、发展战略、品牌战略、融资战略、技术开发战略、人才开发战略、资源开发战略等。企业战略是层出不穷的，如信息化就是一个全新的战略。企业战略虽然有多种，但基本属性是相同的，都是对企业的谋略，都是对企业整体性、长期性、基本性问题的计谋。

　　这些对战略的定义流传很广，以至于在广大的创业者中产生了误解，认为创业公司不需要战略。创业公司都是小微企业，谈不上核心竞争力，也没有那么多资源去搞营销战略、品牌战略、技术开发战略、人才战略。如果，按照现在主流的战略定义，创业的小微企业的确没有必要和能力去搞战略。

　　但创业阶段的公司真的不需要战略吗？雷军有句创业名言："不要试图用你战术上的勤奋掩盖战略上的懒惰。"先后做了泡泡网、汽车之家、理想汽车的连续创业者的李想，也认为创业者首要的是把握好公司的战略方向，把战略定清楚。雷军、李想等这些在实践中成功的创业者，表达的意思明显是创业公司也需要战略。

　　成功创业者的实践心得与现在主流的战略定义明显不一致。那是雷军他们说错了，还是现有的战略认知错了？实践出真知！现有的对战略的认知恐怕落后于中国创业者的实践了。

1. 现有战略概念的局限

今天主流的企业战略认知与框架来源于西方大型成熟公司的经验总结。企业战略的概念主要通过两条路径传入中国企业界。一是随着波士顿、麦肯锡等西方咨询公司传入中国。它们在给中国企业提供战略咨询服务时把相关的企业战略模型也介绍进来了。另外一条路径就是各大学管理学院的 MBA 教育。我国 MBA 教育主要是参考美国商学院的模式，以其 MBA 教学体系为模板设置的。国内 MBA 教育的战略教材多数影印美国的教材。即便是自编教材，内容多数是讲哈佛大学迈克尔·波特（Michael E.Porter）教授的战略体系（竞争战略、三大基本战略、五力模型），以及同样是西方学者总结的核心竞争力这些理论。通过一届又一届的 MBA 学生，塑造了现在主流的企业战略认知。

追本溯源，目前国内主流的战略概念，基础框架是西方大型成熟公司的实践经验总结。这种脱胎于大公司经验的战略模型，在引入中国的企业界之后的确提升了国内大型公司的战略管理水平，提高了大型公司的生存能力。但也造成了战略概念复杂，难以理解，大公司才需要战略的印象。

德鲁克说，战略不是研究未来要做什么，而是研究现在做什么才有未来。创业公司抗风险能力差、死亡率高。80% 的创业公司都会在创业 5 年内倒闭。面对如此高的失败率，创业公司其实比大型公司更需要战略，更需要通过制定战略规避风险，选择做正确的事情，以赢得未来。

2. 中国传统的战略概念

要让战略概念及模式能够既适用于大型成熟公司，又适用于中小型创业公司，就需要拓展现有的战略定义。战略这个词，最早是一个军事术语，20世纪30年代才被引入企业管理领域。经过几十年的西方学术界、咨询界、企业界的共同推动，形成了现在的认知。想要拓展战略概念，还得先正本清源，通过回溯战略概念的起源，理解战略的最初定义，站在战略的本义上梳理认知。

幸好中国是世界公认的战略思维传统强国，也是战略观的独立诞生之地。追溯战略的概念的起源，并不需要去"西方取经"。战略认知在中国有着完整的发展过程。两千多年前的《孙子兵法》无论是在东方还是西方，都被公认为是战略的经典。直到今天，其都是世界各国军校、商学院学生必读的书。

"战略"一词在中国最早见于西晋初史学家司马彪所著《战略》一书。我国的本土词汇，其基本内涵，往往可以从字面意思去解读。"战"指战斗、战争，"略"指谋略、计谋。当然，制定战略的目的是获得战争的胜利。所以，战略的基本含义是为了战争胜利制定的谋略。

战场上胜者活，败者死。战略也即生死存亡之道。商场如战场，企业随时都可能倒闭。事实上，中国的领袖级企业家也正是站在企业生存的出发点上思考战略的。任正非说过，"活下去，是华为的最低目标，也是华为的最高目标"。因此，企业战略的本质就是生存之道。如果通俗些说，企业战略是企业高质量活下去的经营思路。企业制定战略的目的，是在动荡的经营环境中为企业寻找活下去的路。

下面是媒体报道中马云、任正非关于战略思维的讲话。

2023 年 5 月下旬，阿里巴巴创始人马云召集淘天集团各业务负责人，开了一场小范围的沟通会。据多位阿里员工转述，马云认为淘天集团当前面临的竞争局势十分严峻，他以诺基亚和柯达举例，认为一个企业从行业标杆到死亡，半年到一年就足够了，在互联网行业可能会更快。

马云判断，接下来是淘宝而不是天猫的机会，阿里电商应该"回归淘宝"。马云在会上称，阿里过去那些赖以成功的方法论可能都不适用了，应该迅速改掉。他为淘天集团指出了三个方向回归淘宝、回归用户、回归互联网。

任正非表示，未来十年应该是一个非常痛苦的历史时期，全球经济会持续衰退，华为要把活下来作为最主要纲领，从过去恐慌性地自救改为有质量地自救，从追求规模转向追求利润和现金流，全线收缩和关闭边缘业务，把寒气传递给每个人。

像阿里巴巴、华为这样的超大型企业，都把生存或活下去当成企业目标，并且，为了这个目标，制定或调整公司战略。其他中小企业，特别是创业企业，就更应该如此。事实上，"活下去"对创业公司来说，本来就不是一个容易做到的目标。80% 的创业企业活不过 5 年。

企业战略是企业的生存之道。这个定义既能继承中国两千多年的战略思维精髓，也能与西方的现代企业管理理论结合起来。现有的来自西方大公司的战略观无非这一战略观的一个子集。竞争是大型企业生存的最大威胁。对大型企业来说，制定战略的关键任务就是赢得竞争。每个企业都有生存问题，但生存问题并不只是竞争。企业战略是企业生存之道，跳出了现在的主流战略观束缚，就可以用更加开阔的视野探讨战略。

3. 制定战略是在环境中找活路

企业是环境的产物。现在技术变革、地缘冲突、行业政策、市场竞争、消费潮流变化日益加剧。大家都处在"百年未有之大变局"中，企业随时会因为外部环境的剧变而倒闭。柯达、诺基亚、摩托罗拉这样的曾经非常强大的企业也因为环境剧变而轰然倒下。大型企业尚且如此，创业公司抗风险能力差，就更容易死亡。

创业者思考：在变化的环境中，公司会面临什么生存威胁？哪里才有生存机会？公司走哪条道路才能活下去？这样的问题就是战略思考。思考得出的能让公司活下去的经营思路就是战略。

因此，为了活下去，大小公司都需要战略，都需要通过制定战略厘清未来变化趋势，趋利避害，为公司找活路。

认清了企业战略的内涵，战略就不再是复杂的、难以理解的、高高在上的、不实用的东西，而是每一个创业者、CEO 每天都需要思考的重大问题。企业越小越有可能随时倒闭。创业公司尤其需要战略。创业没有战略，结局就是失败。

1.3　战略三要素：目标、路径与支点

战略是企业为了活下去而制定的经营思路。那进一步来说，这个经营思路的关键要素又是什么呢？

有人说，战略就是方向，就是公司要进入什么行业，不进入什么行业。方向很重要，但也只是第一步。比如，公司决定旅游，如果只是提出要去北方旅游，那搞不好，有人去了哈尔滨，有人去了青岛，有人去了石家庄。如果方向就是战略，定了方向就算

定了战略，那么这个团队的行动肯定是乱糟糟的。

战略要讨论方向，但不能止于方向。战略要统一团队行动，必须更加精准。都是去北方旅游，直到给团队定出，比如去北京，这样具体的目的城市，团队的行动结果才有可能一致。这里，北京就是目标。因此战略的一个要素是目标。目标包含了方向，但比方向更加精准。

目标是战略的一个要素，但还不是全部要素。明确了去北京，还需要确定是坐火车去，还是开车或者坐飞机去。也就是说，还必须明确实现目标的路径，否则团队依然无法一致行动。团队的每个成员都依据自己对实现目标的理解各走各的路，集体行动变成了分散行动，团队作战变成散兵游勇作战，这当然也不行。因此实现目标的路径也是战略不可缺少的要素。

企业是市场的产物，市场的核心机制就是开放与竞争。竞争是企业迟早要面对的生存考验。企业要长期可持续发展，就必须有保护企业商业利益的竞争力。选择在哪个价值环节积累资源，建立竞争优势，这也是企业战略必须回答的基本战略课题。因此，支点也是战略要素之一。

企业战略的三要素有目标、路径与支点，如图 1-1 所示。

图 1-1　战略三要素

在这三个要素中最难的也是最重要的就是路径。路径是什么？能落地走，还能到目的地。缺了路径的战略是空中楼阁。不能落地，没法执行。战略的起源，国王找谋士、军师问计，想要的当然是获得战争胜利的方法。伟大的战略如"农村包围城市""持久战"论证的就是走什么样的道路能够胜利实现目标，为什么这条道路必然能够胜利。

人们常说，公司的战略落地难，执行难。这种情况，要么是根本没路径，要么是路径制定错误，根本行不通。比如，有不少消费品创业的项目，说要做品牌，可是并没有想好做品牌的路径。以为给产品做一个定位就是做品牌了。或者，有人稍微进了一步，认为还要做广告。然后，实际操作中，花大量的钱买流量。可是，流量本质上不是做品牌的路径。用流量投放的方法做品牌是行不通的。没有了做品牌的可行路径，结果当然是做不起来品牌。

战略的特点是输出结果简单，制定过程复杂。战略三要素，用一两百字足以表达清楚公司战略。但制定战略的过程复杂，信息处理量巨大。制定战略需要面对未来，看清未来趋势；又要全局思考，把企业的资源条件和环境变化结合在一起权衡；还要能够化繁为简，识别关键因素，抓住主要矛盾。所以，战略能力是创业者的高级能力，不经历学习和自我刻意训练，很难具有。而且，不同于营销能力、管理能力、技术能力这些专业技能，战略能力是创业者、企业家必须自己具有的能力。今天，华为的规模已经非常大了，任正非早已不做技术、销售或者管理的具体工作了。但华为的战略还得他亲自把握。

下面是一个隆基股份的战略案例。

隆基绿能创业者李振国就非常擅长制定战略。他习惯回归本质思考问题。回归本质和立足未来是他制定战略的基本原则。比如，2006 年，李振国做出了隆基绿能发展历史上最关键的一个战略决策。当时光伏产业有产业政策的支持，发电还有补贴。但李振国认为，任何一个行业依赖常态化输血都不可能持久。未来这个行业要永续发展，度电成本必须与火电、水电持平，甚至更低。他调研了薄膜硅、单晶硅、多晶硅、物理硅等多种技术路线的转化效率，做了极致推演，发现单晶硅电池的转换效率最高，并且成本还有较大的下降空间。因此，李振国制定了隆基绿能的战略。

光伏的发展本质在于度电成本降低，隆基专注于单晶技术路线，无论短期如何波动，单晶是最终的方向；专注于技术创新和产品领先，提供更低度电成本的产品是公司的制胜之本。

隆基绿能从创业开始，一直是唯一冒行业之"大不韪"的单晶硅光伏企业。直到十年后，李振国的这一战略选择才让隆基绿能"守得云开见月明"。2017 年 12 月，"单晶硅型"太阳能电池板出货量首次超过"多晶硅型"太阳能电池板。2020 年，光伏单晶已完全替代多晶技术路线，成为市场主导技术路线，其市场占比超越 90%。隆基绿能的战略选择彻底改写了整个中国光伏行业的走向。如今中国的光伏产业已经成为世界的产业领导者。

下面是万科集团的一个战略案例。

公司的核心竞争力在于人和管理，优秀的经理人打造了"专业化＋规范化＋透明度＝万科化"这一管理体系，是万科自全面转型房地产开发主业以来经营战略始终引领行业的基础：2000—2006 年以郊区大盘为主，不做地王不囤地；2007—2011 年以刚需为主，灵活定价，低库存高周转；2012 年至今优化激励机制，深入探索城市配套服务商的定位与住宅产业化的发展方向。

管理层长期坚持从公司长远利益出发，不受外在因素干扰与诱惑制定战略，坚守审慎与理性原则，穿越以往数次周期。

1.4　战略与管理的区别

要想更好地理解战略这个概念，不妨先把战略与管理这两个概念放在一起对比着看。"战略"和"管理"这两个词大家都非常熟悉，但能够理解并说清楚这两个概念区别的人不多。很多战略培训课讲的是战略解码、战略执行这些管理的内容。战略管理其实讲的是管理，不是战略。严格来说，战略和管理是两回事，如表 1-1 所示。

表 1-1　战略与管理内涵对比

战　略	管　理
目标：生存	目标：效率
成果：公司生存道路	成果：公司内部秩序
做正确的事	把事做正确
独特性：战略无法模仿，每个公司的战略都是独特的	普适性：管理可以直接复制标杆做法，"标杆学习法"是提升企业管理水平的捷径
未来导向，外部视角	问题导向，内部视角
全面系统思考，结果简单	就事论事，输出结果复杂

企业要成功，战略和管理都少不了。通俗地说，战略是做正确的事，管理是把事情做正确。要成就事业，战略和管理缺一不可。但战略与管理是两回事。战略关注企业如何适应环境。企业制定战略，就是在认识环境的基础上，为公司找到一条生存发展的道

路。管理关注内部。企业通过管理把组织内的团队、资源组织起来，分工协作，实现企业的目标。战略的目标是活下去，思考在不确定的环境中的生存问题。管理的目标是效率，为组织分工的混乱建立运作秩序。

一家公司就像在一个复杂的大森林中前进的探险团队。制定战略就是为了帮助这个团队找到正确的道路，确保他们朝着正确的方向前进，避开陷阱和障碍，以便最终到达目的地。而管理则是为了确保这个团队的人在旅途中充分利用他们的资源，保持良好的组织和协调，使他们能够高效地前进，不会迷失方向或浪费时间和精力。

战略关注的是如何在变化莫测的环境中生存和发展。公司制定战略的过程就像在给这个团队规划路线，让团队成员能够在不确定的情况下找到生存和成功的方法。而管理则更注重公司内部的事务。它就像在帮助团队在旅途中与同伴合作，分工协作，有人背水，有人开路，有人注意野兽袭击。管理确保每个人都在正确的位置上，发挥自己的优势，并确保所有人都在同一个节奏下努力工作，从而实现公司的目标。

战略具有独特性，不能直接照搬成功者战略。淘宝电商成功了，其他模仿淘宝的电商平台都失败了。只有与淘宝走不一样的路的京东成功了。管理具有普适性，通过标杆学习成功者的管理方法，是企业提高管理水平的捷径。标杆学习法是管理培训业最受欢迎的办法。华为学习IBM的IPD（集成产品开发），任正非喊出"先僵化，后优化，再固化"的口号，让华为管理水平迅速提高。麦当劳进入中国后，也把特许加盟、连锁经营的一整套管理方法带了进来。应用这套连锁门店管理方法，国内餐饮、服装、美容美发等行业企业通过快速开店发展壮大。

思考战略要有外部视角、未来导向。人们常说，战略是站在未来看现在，站在月球看地球。彼得·德鲁克说过，"战略不是研究我们未来做什么，而是研究我们今天做什么才有未来"。思考管理是内部视角、问题导向。关注公司内部的运行现状，从团队工作心态、工作效率、产品质量、投诉、库存周转率等细节中发现问题，解决问题。

想象你是一名企业领导者，要带领你的公司取得成功。战略就像你站在未来的角度用望远镜看现在的情况。这意味着你要考虑未来的趋势和变化，制订计划，使公司能够适应这些变化，从而在未来取得成功。而管理则是你站在公司内部的视角，用放大镜关注内部运作。你要关注细节，随时处理各种问题，确保公司内部的运转顺畅。管理工作永无止境，要持续付出心血。

战略水平高，体现在预见能力上。战略高手能穿透时间，直击本质，化繁为简。战略思考很复杂，但输出结果很简单。管理水平体现在统一思想、组织协调、制定规则的能力上。管理关注细节，输出结果复杂。亚马逊的 SOP（标准化的工作流程）有上千页内容。

对于战略与管理的区别，可以总结为一句话：战略向外，要活路；管理向内，要效率。管理可以由团队其他成员来负责。制定战略则必须由创业者亲自承担。把战略和管理区分开，创业者才可能不被烦琐的管理工作消耗精力，忽略了必须亲自承担的战略制定工作，结果让公司在丛林中迷了路。

1.5　创业战略是公司战略的基础理论

企业在创业阶段和成熟阶段面临的生存问题不同。创业阶段生存的核心是能否发现机会，开发机会。成熟阶段生存的核心是能否不被竞争对手抢占市场份额。生存压力性质不同，指导创业阶段和成熟阶段的战略制定模型也必然不相同。哈佛大学迈克尔·波特教授认为，成熟公司战略的基础框架是竞争。竞争战略是成熟公司制定战略的基础理论。与此对应，创业阶段公司的战略理论就应该是以开发机会为基础框架的创业战略。

根据行业生命周期理论，行业可以分为导入期、成长期、成熟期和衰退期这四个阶段，如图 1–2 所示。

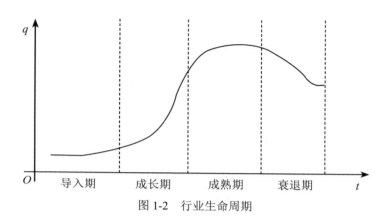

图 1-2 行业生命周期

行业的导入期和成长期初期是创业的良机。在这个阶段，行业规模迅速扩大，企业之间的竞争并不激烈，正处于共同扩展市场的阶段。也就是人们通常说的做蛋糕。市场快速扩大，竞争还不激烈，吸引创业者纷纷躬身下场，创立公司。行业导入期和成长期前期，就出现了业内的企业数量快速增加的现象。

随着时间推移，行业进入成长期后期。此时，尽管行业仍然保持高速增长，但企业之间的竞争日益激烈。标志性的价格战开始出现，大量企业被淘汰。行业内的企业数量开始减少，优秀的企业开始崭露头角。

进入行业成熟阶段，市场已经被少数大型公司主导。头部公司瓜分了大部分市场份额。每个存活下来的头部大型企业都经历过市场的锤炼，有自己的独特竞争优势。行业成熟阶段的企业靠抢竞争对手的市场获得发展。行业成熟阶段，行业格局变化趋缓，业内企业数量稳定。

最终，行业进入衰退期，行业规模不断变小。业内企业发现，为了生存，就得转型或者进入其他行业。转型或者进入其他行业相当于二次创业。大型公司二次创业，资源比创业者雄厚，但是固有的包袱也更多。要想做到二次创业成功，回归创业期的精神是关键。

目前，AI 大模型行业处于导入期。储能行业处于成长期前期，即将进入成长期后期；新能源汽车行业处于成长期中后期；智能手机行业处于成熟期；数码相机行业处于衰退期。行业不同阶段的企业，生存的压力点是不同的。

案例：特斯拉（Tesla）的发展历程。

» 成立时间:特斯拉成立于 2003 年，由马丁·艾伯哈德（Martin Eberhard）和马克·塔彭宁（Marc Tarpenning）共同创立。他们的目标是开发高性能电动汽车，推动可持续能源的发展。

» 2004 年：特斯拉融资并开始开发其第一款电动跑车 Tesla Roadster。该车辆基于现有的 Lotus Elise 底盘，并进行了电动化改造。

» 2008 年：特斯拉推出了其第一款量产电动车型，即 Tesla Roadster。这款车成为第一款使用锂离子电池的电动汽车，并在一定程度上引领了电动汽车行业的复兴。

» 2010 年：特斯拉进行了首次公开募股（IPO），成为美国首家上市的电动汽车制造商。此后，公司着手开发更多电动车型。

» 2012 年：特斯拉推出了 Model S，这是一款豪华电动轿车，引起了广泛关注并取得了市场成功。Model S 在电动汽车领域树立了先驱地位。

» 2015 年：特斯拉推出了 Model X，这是一款电动 SUV，继续扩展其产品。

» 2017 年：特斯拉推出了 Model 3，这是一款更为经济实惠的电动车型，旨在更广泛地普及电动汽车。

» 2020 年：特斯拉开始交付 Model Y，这是一款紧凑型电动 SUV，继续丰富其产品阵容。

» 2021 年：特斯拉宣布在加利福尼亚州建设"特斯拉超级工厂"（Tesla Gigafactory），该工厂将生产电池、电动车辆和其他零部件。

» 2022 年 9 月开始，特斯拉开始在中国市场主动降价。

» 2023 年 1 月，特斯拉官宣，Model 3 车型起售价降至22.99 万元，Model Y 车型降至 25.99 万元。Model 3 降幅为 2 万～3.6 万元，Model Y 降价为 2.9 万～4.8 万元。发动中国新能源车市场价格战。

作为电动汽车行业的开拓者——特斯拉创业前十年，主要做的事情是研发产品，找到初始客户，培育市场。这个时期，特斯拉完全没有同业竞争对手，但也没有对标公司。技术的可行性、产品的经济性都要摸索。购买电动汽车的用户也需要创业公司去培育。这是电动汽车行业的导入期。

2012 年，特斯拉 Model S 终于撬开了市场，获得科技爱好者的追捧。电动汽车行业进入了成长期。随着 Model S 的成功，2014—2021 年，越来越多的企业进入电动车行业。其中，以蔚来、小鹏、理想为代表的中国造车新势力最为著名。这个阶段，电动车企业之间的竞争并不激烈。特斯拉、造车新势力、比亚迪等通过开发针对不同细分市场的电动车抢品类对手燃油车的市场份额，获得高速增长。

到 2022 年，中国新能源车市场渗透率接近 30% 的时候，电动车企业之间的竞争已经取代电动车与燃油车之间的品类竞争，成为决定新能源车企生存的主要压力。这个阶段标志性的事件就是，行业龙头企业特斯拉开始降价，通过发起价格战，淘汰其他电车企业。价格战开启，电动汽车行业就进入了典型的成长期后期。

行业生命周期模型和特斯拉的发展历程可验证，企业生存压力的性质在行业早期和行业成长期后期明显不同。这两个阶段，公司面对的生存压力、需要创业者解决的关键问题如表 1-2 所示。

表 1-2 创业战略与竞争战略的对比

创业战略——立业之道	竞争战略——取胜之道
核心目标：开发机会	核心目标：获得行业头部地位
生存压力主要体现在发掘机会，需要解决能否找到真实的机会、能否建立起开发机会的创新业务体系的问题。	生存压力主要体现在应对同业企业的竞争，需要解决能否建立相对竞争者的竞争优势问题。
所处阶段：行业导入期、成长期前期	所处阶段：行业成长期后期、成熟期

创业战略的核心任务是发现机会，开发机会，建立业务体系。创业战略指导创业者从无到有创建持续发展的公司。竞争战略的核心任务是建立竞争优势，获得行业头部地位。创业战略适合创业阶段的企业，主要揭示处于导入期、成长期前期，充满创业机会的行业获得成功的规律；竞争战略适合成熟企业，主要揭示行业竞争格局已经形成、业务已经定型的企业的生存规律。

竞争战略理论中的三大基本策略（低成本、差异化、聚焦）、核心竞争力、动态能力来源于学者对成熟公司的实践案例总结。创业战略理论的核心理论点也需要有大量的创业公司实践案例来支撑。

和创业公司打交道最多，对创业实战研究最深的，应该是风险投资机构。因为，风险投资行业是专业挖掘、投资、辅导创业项目的行业。风险投资行业因此积累了丰富的分析机会的经验，能看清创业公司的成长潜力。中国风险投资行业已经发展了二十多年，头部的风险投资公司，如 IDG 资本、红杉资本、达晨创投等，已经从其长时间在各种行业的成功经验中总结了投资方法论。借助顶级 VC 的方法是构建创业战略体系的捷径。

1.6 创业成功有规律

在动手总结规律、建立创业战略通用模型时，还有一个问题要回答，即：创业成功有规律吗？创业如果没有规律，成功只是偶然，只靠运气，那么建立通用创业战略模型就是空想。

还好，有连续创业成功的案例。这些案例的主人公在实践中连续创业成功，证明创业是有成功规律的。认识了创业规律，依据规律创业，就可以在多个领域连续成功创办企业。

季琦是一位连续创业者。他作为创始人，连续创办了携程旅行网、如家酒店集团、华住酒店集团这三家中国旅游行业企业，并先后在美国纳斯达克成功上市。他是第一个连续创立三家市值超过 10 亿美元公司的中国企业家，以下是他的创业历程。

» 1999 年 4 月，季琦与沈南鹏、梁建章、范敏等人创建了国内第一家面向大众提供旅游服务的电子商务网站，历任首席执行官、总裁等职。2003 年 12 月 10 日，携程旅行网（NASDAQ:CTRP）在美国纳斯达克成功上市。

» 2002 年 6 月，季琦代表携程以 500 万元启动资金创办如家酒店连锁，担任首席执行官。2006 年 10 月 26 日，如家快捷酒店在美国纳斯达克成功上市。

» 2005 年，季琦离开如家酒店连锁，创办华住酒店集团。2010 年 3 月 26 日，华住酒店集团在美国纳斯达克股票交易市场成功上市。截至 2023 年 3 月 31 日，华住在 18 个国家经营 8592 家酒店，拥有 820 099 间在营客房，创造了 14 万 + 职业发展机会。

"80 后"李想是中国新一代连续创业者。他高中毕业后，创办了泡泡网、汽车之家和理想汽车三家公司。其中，泡泡网并购退出，汽车之家、理想汽车先后在美国纳斯达克成功上市。以下是李想的创业历程。

» 2000 年注册泡泡网并开始运营，李想仅凭借着对 IT 产品的一腔热爱，滚雪球式地完成了资本积累。

» 2005 年，李想带领团队从 IT 产品向汽车业发展，创建汽车之家网站。汽车之家现已成长为全球访问量最大的汽车网站。2012 年年底，汽车之家实现了月度覆盖用户 8000 万。2013 年 12 月 11 日，李想带领汽车之家在美国纽约证券交易所成功上市。

» 2015 年 7 月 1 日，李想创办车和家，后公司更名为理想汽车。2020 年 7 月 30 日在美国纳斯达克证券市场正式挂牌上市，股票代码为"LI"。2023 年理想汽车在造车新势力中脱颖而出，成为新能源车领域的明星企业。

世界级企业家埃隆·马斯克也是一位连续创业者。他创办了多家公司，包括电动汽车公司特斯拉（Tesla）和太空探索技术公司 SpaceX。他的创业历程非常丰富，其中包括 Zip2、PayPal 等公司。以下是马斯克的创业历程。

» 1995 年，马斯克和弟弟金巴尔用父亲资助的 2.8 万美元联合创立了一个类似于"大众点评"的网站——Zip2。1999 年被康柏收购。

» 2000 年创办 X.com，之后和 Confinity 合并，成为"PayPal"。2002 年被 eBay 收购。

» 2002 年 6 月，马斯克第三次创业，创立了太空探索技术公司 SpaceX。迄今为止，SpaceX 是唯一一家能够把火箭回收技术进行大规模商用的公司。有报道称 SpaceX 已经占领了全球超过一半的卫星发射市场，而且领先优势在继续扩大。

» 2004 年马斯克 A 轮投资进入 Tesla，担任董事长，2010 年特斯拉在纳斯达克成功上市。

季琦、李想、马斯克这些连续创业者用他们的实践证明了创业成功是有规律的。研究规律，认识规律，能显著提高创业成功率。

创业有成功规律。本书通过探索创业成功规律，并且以创业规律为基础，讲述创业战略制定的步骤和方法。希望这套方法能够帮助广大创业者科学创业，少走弯路。

1.7 创业战略制定七步法的由来与结构

作者在 2006 年加入 IDG 资本，开始从事风险投资工作。做投资不是做慈善，要讲究投资回报。创业风险很大，80% 的创业项目活不过 5 年。在英文中，New Venture 是一个常用的商业术语，这个术语通常与新兴产业、初创企业和创新创业相关联。用风险代指创业，可想而知，创业是风险极大的事情。

创业风险大，投资创业公司的风险就更大。二级市场投资发现不对，还可以割肉退出。投资创业公司退出困难，项目失败，投资人往往血本无归。风险投资行业的这种基本特点也让资深的风险投资公司非常注重研究投资方法论。IDG 资本是最早进入中国风险投资领域的公司，投资了腾讯、百度、携程、拼多多、小鹏汽车等众多创业公司，在投资方法论方面有着深厚的积累。不仅仅是 IDG 资本，据作者所知，红杉资本、高瓴资本、达晨创投等著名投资机构也都有各自的投资方法。

风险投资公司的投资方法一部分是跟产业特点高度相关联的，一部分是抽象的通用方法。例如，投新材料和投消费品，内在的看点差别很大。投新材料，要获得成功，关键是确定材料创新能否得到大厂认可。这类投资在调研中必须跟紧大厂技术部门，必要时要跟进到认证实验的环节。消费品投资当然没有必要去大厂技术部门调研，或者去实验室做实验。抛开这类与具体行业相关的投资方法，风险投资机构还有四大通用分析方法。

（1）评估机会的方法。通过紧盯政策、技术趋势、消费者行为变化、发达国家企业创新等活动，发现可能的机会。

（2）评估项目资源禀赋的方法。从商业潜力角度评估创业者特质、技术、供应链、客户资源、资金等。发现项目资源的长处和短板，并评估创业项目资源和机会的匹配性。

（3）制作赛道地图的方法。通过调研，整理同一个机会下，各种已有的和正在启动的商业活动，形成赛道地图。通过制作地图，加深对行业的理解，发现投资标的。

（4）评估项目商业模式的方法。从商业模式角度整理拟投资项目的财务数据、销售活动、用户行为、产品或服务制作完成过程等，建立财务模型，评估、比较项目的商业模式的优劣。

　　风险投资公司评估机会、评估项目资源禀赋、制作赛道地图、评估商业模式的四大工具和方法，能应用到各领域、各阶段的项目，是通用方法。从作者在风险投资行业的 20 多年的实践经验来看，四大工具有非常好的实战效果。系统应用这四大工具能帮助风险投资机构做出高质量的投资决策。在作者的投资经历中，用四大工具分析完项目之后，再和创业者交流。创业者往往会惊叹：投资人怎么会比他们自己还懂行业，还清楚自己公司的状况？

　　站在创业公司的角度，企业需要的不是投资方法，而是好的战略。风险投资的方法论还需要转变成战略制定的方法和工具，才方便创业者使用。因此有必要把风险投资行业的四大工具及战略三要素进行整理，形成创业战略制定工具与方法。四大工具和三个要素加在一起刚好分为七个步骤，称为"创业战略制定七步法"（简称"七步法"，见图 1-3）。

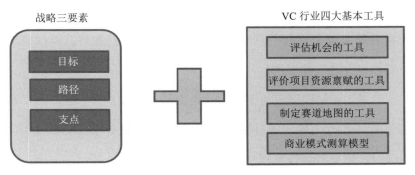

图 1-3　创业战略制定七步法（1）

具体来说，"七步法"分为锁定创业机会、审视资源禀赋、制作赛道地图、选择立业路径、识别创新重点、确定三年目标、设计竞争支点七个步骤，如图 1-4 所示。

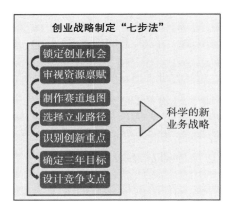

图 1-4　创业战略制定七步法（2）

第一步：锁定创业机会。创业从发现创业机会开始。选择了机会，就是选择了创业方向。选对了机会，就成功了一半。

第二步：审视资源禀赋。公司运作需要资源。技术、人才、资金、原材料等资源是创业的基础。资源有特定性，创业要选择做资源禀赋和机会匹配的事情。

第三步：制作赛道地图。赛道地图展示商业机会全貌。有"赛道地图"者得先机。通过制作赛道地图，投资人可以发现有价值的项目，创业者可以掌握全局。

第四步：选择立业路径。路径是战略的核心要素。找到了创业机会之后，创业成败的关键就是路径选择。利用"赛道地图"选择路径，简单有效。

第五步：识别创新重点。创业必须创新，但更要知道，创业是三分创新，七分利用。把注意力集中到创新的重点上，其他公司需要补充的能力，通过学习、模仿、引进资源获得。

第六步：确定三年目标。目标是方向，也是公司计划管理的起点。确定目标需先定地位，再定数字。目标设定考虑资源条件、团队能力，以及组织力建设等的制约，要科学合理地设置目标。

第七步：设计竞争支点。好生意迟早会引来竞争。创业公司要想可持续成长，需尽早开始考虑竞争支点的设计。要有意识地在关键价值环节上建立门槛，积累核心竞争力，应对未来的竞争。

"七步法"用风险投资行业的四大工具分析创业的外部环境信息、内部资源禀赋，形成赛道地图。创业者在四大工具的基础上完成创业公司的目标、路径和支点的决策。目标、路径和支点是战略的三要素。战略要素都有了清晰、合理的决策，公司也完成了战略规划。

第2章　锁定创业机会

市场有需求，但现有企业做不了或不愿做，造成市场需求得不到满足，这时候就产生了创业机会。创业者首先是机会发现者。发现环境结构性变化产生的创业机会是创业的起点。

2.1 创业从发现机会开始

先来看一个案例：雷军为什么要创办小米？

2010 年 4 月，小米公司注册成立。雷军开始了智能手机的创业之路。2018 年 7 月 9 日，小米公司赴港主板上市，成为继阿里巴巴和 Facebook 之后全球规模第三的科技互联网公司 IPO。在被问及他为什么要在 40 岁，已经什么都有了之后，还创业做手机，雷军说：

"我 18 岁时在图书馆偶然读到了 80 年代版本的乔布斯的传记《硅谷之火》，为什么我非要做小米不可？就因为这本书。"

"有谁记得自己 18 岁的梦想呢？"他说："我一直记得。"

这个梦想就是，要做一家世界一流的公司。2007 年 iPhone 发布，智能手机时代拉开帷幕。2009 年，谷歌发布开源手机操作系统安卓。安卓操作系统大大降低了做智能手机的门槛。

"但，为什么一定是手机呢？"雷军自问自答道："因为，它应该是这个时代最大的机会了。"

iPhone 发布后，雷军一直在研究移动互联网，"我是中国最早说出手机将真正替代 PC 的人。"他笑着说，"但大家都听不到，直到软银孙正义说了才算数。"

做手机"唯一的问题是：你准备好了吗？"

——《外滩画报》

2011 年小米发布第一款手机，第二年收入就突破 100 亿元。2013 年在清华大学演讲时，雷军被问"如何在自身领域上取得成功"，雷军表示："我认为自负是成功的最大的障碍。我在年轻的时候觉得自己很聪明也挺自负的，做了很多逆天的事情，到了 40 岁的时候（创办小米），悟到最大的道理是顺势而为。台风来的时候，连猪都可以飞。所以如果大家像我一样，能保持猪一样的态度，也能成功。"

雷军认为，小米得益于顺势而为，也就抓住了时代最大的机会。机会造就小米。不仅小米如此，其实，但凡大成功，都是因为碰上了好机会。乔布斯回归苹果，让苹果重新崛起的案例，也是发现机会、抓住机会的经典。

1997 年，苹果公司陷入了困境，市场份额不断下降，公司面临破产的危险。随后乔布斯回归苹果公司。面对苹果的经营困局，乔布斯和大多数企业危机拯救者采取的措施类似。他果断采取了裁员，简化产品，砍掉缺乏竞争力的产品线；回归苹果特色，重新强调硬件和软件一体化，停止将 Mac OS 操作系统出售给其他硬件供应商；化敌为友，与微软达成和解，说服微软为苹果开发软件。

这些常规的拯救企业的操作稳住了苹果的财务状况和员工士气，但并没让苹果公司的收入迅速增长。事实上，1997 年苹果公司的收入还下降了 23%，1998 年继续下降 16%，1999 年才微增 3.2%。当年有人问乔布斯，为什么不推出某个新产品，让公司收入快速增长。乔布斯回答在等机会。经过三年多的耐心等待，2000 年，乔布斯发现了音乐领域的机会，于是就迅速组建团队做出了 iPod。2001 年 10 月，iPod 上市之后风靡全球。iPod 不仅让苹果公司的业绩重新回到了持续增长的轨道，也为日后 iPhone 的推出探索了新的商业模式。

创业从发现机会开始，选择机会就是选择创业方向。从发现机会到锁定机会，可以分为四个步骤，如图 2-1 所示。

图 2-1　发现机会的四个步骤

（1）发现机会：创业者捕获商业信息，引发兴趣和关注。

（2）认识机会：创业者开始研究调查机会的相关信息，并且了解机会背后的驱动因素。这一步要把机会逻辑化。

（3）具象机会：把机会具象到某一类人在某一场景下的某个痛点。这一步要把机会痛点化。

（4）锁定机会：评估几种可能的痛点，选择其中一种，作为创业机会。

机会选对了，创业就成功了一半。创业选方向实质就是选创业机会。大多数创业者陷入迷茫，主要原因还是对机会认识不清。没有把机会背后的驱动因素认识清楚，没有看清机会的底层逻辑。雷军认识到了智能手机是硬件、应用软件、互联网结合的产物，小米就做到了创业思路清晰，公司迅速崛起。郑振国认识清楚了光伏行业的本质是度电成本，隆基绿能就能坚定走单晶硅路线，通过技术创新不断降低度电成本，成为行业龙头企业。

也有些创业项目有不错的创业机会，但是公司成长缓慢，原因是没有找到痛点。找不到痛点，公司的产品设计、服务、渠道、营销针对性就不强。针对性不强，产品力也就难突出。找不到痛点，公司更无法围绕痛点集中资源去冲击。不能有的放矢，创业公司的资源使用效率必然低下，创业绩效自然不佳。

痛点随着用户和场景变化。要发现痛点，创业者就得深入了解用户，观察用户使用的真实场景，倾听用户的反馈意见。例如，做 to C 业务，就要做用户访谈、用户调查。创业者自己最好就是首席用户体验官。做 to B 业务，就要蹲点用户车间，观察工人使用状况，和用户技术人员交流，了解客户的想法。可靠的痛点是能看得到、摸得着、问得清的。

在其他方面的痛点不明显时，低价是永远的痛点、永远的机会。用户永远对低价感兴趣。如果创业者发现某种技术、商业模式能够做到价格比现有产品价格便宜50%，还有利可图，那么，这也是非常好的创业机会。要特别指出的是，低价要建立在低成本基础上。而且，这个低成本不能是设想中的大规模制造或者偷工减料、降低性能产生的，只能通过技术创新或商业模式创新创造出来。

下面是一个关于通威发挥硅料低成本优势的案例，可能更具有说服力。

通威股份成为光伏行业龙头企业，关键优势是具有硅料低成本优势。硅料行业平均生产成本现在约6万元/吨，通威的硅料平均生产成本不到4万元/吨。通威的低成本来源于其技术创新。通威的"永祥法"从传统西门子工艺出发，在第四代成功将四氯化硅全部转化为生产原料三氯氢硅，变废为宝，实现突破性创新，彻底改变全球高纯晶硅行业竞争格局。到了2022年，通威股份也成长为世界最大的光伏企业。

2.2 发现机会的"法门"很多

创业者发现机会的过程多种多样。有人通过深思熟虑发现机会，有人偶然发现机会，有人在试错或探索中发现机会，有人模仿别人的机会，等等。发现机会，有点儿像悟道的法门，方式多种多样。我们通过几个典型案例详细说明。

案例故事 1：马化腾做 QQ

1998 年 11 月，马化腾受到网友丁磊的刺激决心创业。创业前，马化腾在寻呼机服务公司润迅工作。不知道是否和他的工作经历有关。他创业时，首先设想的产品是"无线网络寻呼系统"。就是做系统，能够在寻呼机中接收到来自互联网端的呼叫。他们打算把这个软件系统做出来后，用卖软件的商业模式赚钱。回头来看，这个产品设想很棒，但有一个致命缺点。1998 年寻呼机已经开始进入衰退期。行业不成长，任何创新都很难获得等值的回报，因而是没有意义的。

如果腾讯公司一直做"无线网络寻呼系统"，公司应该早已倒闭。幸运的是，在 1998 年 8 月前后，马化腾无意中看到一个招标新闻，广州电信想要购买一个类似 ICQ（以色列人发明的 IM 系统）的中文即时通信工具。他和团队临时做了一个技术方案去投标。结果，投标失败了，但马化腾觉得这个事情是一个机会，值得试一试。于是组织团队把产品做出来了。1999 年 2 月 10 日，OICQ 发布。两个月后用户突破 500 人，随后开始指数式增长。有段时间，用户数据每 90 天就增长 4 倍。2000 年 11 月，OICQ 改名 QQ。

案例故事2：李书福发现汽车机会

李书福创办吉列汽车是其深思熟虑之后的选择。李书福干过5个行业。他先后开过照相馆、生产过冰箱、卖过装潢材料、生产过摩托车，而且干一行成一行。到1996年，吉利摩托车产销量已达20万辆，畅销30多个国家和地区。决定创业做汽车的时候，李书福已经35岁，经历过在摩托车行业的成功，可以说已经是企业家了。对汽车行业的创业机会，李书福一开始就认识得非常清楚。

李书福回忆："我决定研究、生产汽车，除了我自己和少部分人，真没有太多人相信。大家都认为中国在汽车工业领域已经没有优势了，早已经被西方国家垄断了，中国企业只能与外国汽车公司合资或者合作才有可能取得成功。但是我认为中国的改革开放政策一定会更加成熟，更加稳健，中国的现代化建设一定会持续推进，中国一定会成为世界上最大的汽车市场，虽然那个时代，中国汽车市场容量每年只有几十万辆，汽车进家庭才刚刚起步。如果中国每年汽车销量超过3000万辆，而又没有属于中国自己的汽车工业，那一定不是一个好消息。从几十万辆到几千万辆年产销量，这个成长的过程本身就是一个很大的商机，进入汽车行业虽然面临很大挑战，但商业空间很大，商业机遇期也很长，有足够的时间打基础、练内功，有足够的时间培养、培训人才，也有足够的时间、空间允许我们犯一次或几次错误，这是用钱买不来的机会效益。因此，我决定抓住这个时间窗口，坚定地进入汽车领域。"

基于对汽车领域创业机会的深刻认知，李书福做汽车有很强的信心。他想尽各种办法，突破当时政策对民营企业造车的限制。当时有个故事家喻户晓。1999 年 12 月，时任国家计委主任曾培炎在浙江台州调研，李书福当面请命："请允许民营企业大胆尝试，允许民营企业家做轿车梦。"讲到激动处，李书福干脆来了句"荡气回肠"的话："如果失败，请给我一次失败的机会！"

案例故事 3：宗庆后发现儿童营养液机会，创办娃哈哈

1987 年，宗庆后向亲朋好友借了 14 万元，承包了当时连年亏损的杭州校办企业经销部。在送货的过程中，他发现许多孩子食欲不振、营养不良，于是决定抓住这个机遇搏一把。1988 年，宗庆后找到浙江医科大学营养学教授朱寿民，在他的帮助下，国内第一款专门为儿童设计的营养液面世。宗庆后在报纸上公开征集品牌名字，最终选择了儿歌《娃哈哈》作为品牌名。

案例故事 4：张一鸣发现手机新闻机会

张一鸣创办了房产搜索引擎九九房，并把九九房做到了当时房产类应用的第一名。这次创业，也让张一鸣体会到了垂直应用的局限性。"在创业方向的选择上，选择热门领域有好的地方，也

有很多危险的地方。从收益上来说，至少你进入的是很多人看好的领域，用户的教育成本较低，也是较大的市场方向，估值相对较高。风险是搞得不好就会成为螳臂当车，如果输了就没有任何机会。

"另外，在新旧平台交替时期，做通用型产品比垂直型产品的机会更大。我在 2009 年和 2011 年都创过业，2011 年在移动互联网创业时（九九房旗下的一个 App），做了一个垂直行业，日新增用户 5000 左右。后来我们尝试了一个通用型的产品，日新增是 3 万左右用户。我当时想，如果同样是花 3 年的时间，垂直类产品是能做到百万级日活用户的产品，但是通用型产品的日活（DAU）很可能过千万，这是一个巨大的机会。

"不过做通用型产品的风险是这个机会大家都能看到，竞争会更加激烈，而小产品可能会机会更大，市场给你的时间更多，但是用户量却难以像通用型产品一样大规模增长。

"2011 年，我观察到一个现象，地铁上读报的人、卖报的人越来越少，年初还有，年底几乎没有了，同时，2011 年是智能手机出货量的高峰，相当于 2008 年、2009 年、2010 年三年智能手机出货量的总和。"创办今日头条之前，张一鸣清晰地意识到，"手机很可能会取代纸媒，成为信息传播的最主要载体，又因为人和手机的对应关系，即手机随身携带，所以个性化推荐的需求一定会增加。"

所以，张一鸣决定抓住这个机会，2011 年年底辞去九九房CEO 职位，2012 再次创业，抓住机会做了通用新闻类 App 应用——今日头条。

案例故事 5：唐彬森做饮料

2014 年，中文传媒以 26.6 亿元人民币的价格收购了唐彬森的游戏公司智明星通，而这一年，唐彬森只有 32 岁，随后他开始了自己新的人生，成为一名天使投资人。

众所周知的元气森林是唐彬森投的一个项目，但投了之后他发现原创始人不行。唐彬森花钱请咨询公司，做定位、搞策划，让工厂生产了一大堆商品，结果自己人都不喜欢喝，更别说卖给消费者了。

2016 年，唐彬森决定自己操刀，按照互联网游戏的方式建立一套新的打法。互联网企业做产品时，不会预先假设用户喜欢什么，而是会讨论用户的需求方向，抛出一个测试版产品，再根据用户数据反馈不断迭代产品。唐彬森想到"打造一个体系，让消费者的选择自然呈现"。

"元气最早换了三拨人，全是饮料行业专业人士，条条框框很多。后来我干脆找了一些做游戏的年轻人，我说不要跟我讨论什么成本，就做一款自己想喝的产品。我们有一个原则，产品上市前必须让身边十个人一人买一箱，身边人都买才能说明产品靠谱。"

用这个办法，元气森林试了饮料的每一个品类，从奶茶到运动功能饮料一应俱全。有不苦涩的茶饮，低糖、无植脂末的奶茶，无糖的气泡水……

在元气森林是泡水之前，燃茶是元气森林取得的第一次成功。元气森林除了爆款无糖气泡水，产品线非常多，有奶茶、功能饮料。元气森林多产品线正是用户需求和数据驱动模式下的结果。元气森林每发现一个品类没有很好地满足用户需求，如奶茶（基本每个品类都会有，如无糖、新口味等），元气森林就进入这个品类。

——VCPE 参考

从上面的案例中可以知道，马化腾、李书福、宗庆后、张一鸣、唐彬森发现机会的过程有很大的差别。机会有可能来自紧盯国外畅销产品，有可能来自深刻的社会发展认知，有可能来自创业经验的总结，有可能来自对身边环境变化的洞察，也有可能来自试错探索中的发现。并没有一种必然的、可靠地发现机会的办法。但是，马化腾、李书福、张一鸣、唐彬森等都有一颗想创业、做出一番事业的心。机会降临时，立即行动。愿意披荆斩棘，克服各种困难，开拓事业。

2.3　机会来源于外部变化

创业机会是外部的，是环境结构性变化产生的。创业应该从发现机会开始。但是，作者和众多的创业者交流，当问到为什么要做这个项目时，多数人回答的其实不是机会。

以下是一些创业者的回答：

» "我从事技术研究多年，我发展了一个新的电池技术，比现在市场上的产品性能好。"

» "我会社群玩法，怎么活跃社群，怎么搞转化，怎么设定话题，我很有感觉。"

» "我以前是人力资源公司的合伙人，我擅长看人和与人沟通，所以，要做一个人力资源银行项目。"

» "我们研发的新高分子材料安全无毒，能用在 3D 打印设备上，所以我就搞了这么一个人工关节项目。"

这种说法是不是很熟悉？其实，他们说的不是机会，而是他们具有的能力。能力对创业当然也很重要，但不是创业机会。

还有一些创业者会回答说：

» "我想做点改变世界 / 环境 / 老人生活状况 / 行业从业者状态的事情。"

» "我从小爱好跳舞，所以就开了一个舞蹈培训中心。"

» "我一直就想创业，想挑战自己的人生极限。"

他们说的也不是创业机会，而是心态、动机。创业道路漫长而辛苦。创业要想成功，创业者需要有强大的内在驱动力，克服各种创业困难，坚持到底。创业的心态和动机也的确是创业者走上创业之路的重要原因，但这依然不是机会。

不同于资源和心态，机会是外在的，是在外部环境结构性变化过程中产生的。例如：

（1）国家能源局出台政策，要求光伏发电项目必须配套储能项目，郑振国感觉储能行业的大机会来了，与几个人讨论决定创业。

（2）2011年，张一鸣观察到地铁上看报、看书的人少了，智能手机快速普及，越来越多的人在看手机。他决定转换行业，重新创业做今日头条。

（3）抖音做电商了，大量的商家需要学习对接抖音的技能，所以，就创业做了抖音流量玩法直播培训。

（4）电池技术的进步让电动车越来越具有实用性，电动车在加速、环保方面的天然优势，必然会在汽车行业引发颠覆性的变化，所以，李振国决定创业造电动汽车。

上面例子中的对创业机会的描述都来自外部，因环境有了结构性的变化,产生了机会。这种外部环境结构性变化如果构成了"市场需要新企业的机会",才是创业机会。

理解了创业机会是外部结构性变化带来的市场需要新企业的机会。反过来再看前面创业者常常回答的能力、动机,是不是有种感觉,这三个方面都有才最合适? 是的,能力、动机与机会,就是著名的 AMO 理论(ability、motivation、opportunity)。AMO 理论最早由 Appelbaum(2000)提出,属于人力资源管理理论,主要用于解释员工的绩效。该理论认为:员工绩效 =F{ 员工能力(A),员工动机(M),员工机会(O)}。这里把 AMO 理论应用在解释创业者创业方面,也是适用的。创业者要想创业成功,当然是能力、心态、机会缺一不可。但能力、心态创业者自己可以控制。机会则是外部产生的。创业者不能创造创业机会,只能发现或者等待。

凭着能力与资源,有了动机就开始创业,并不合适。但最为恰当的创业方式是创业者还需要值得行动的机会。锁定创业机会才是"发令枪"。

下面是小米创业案例分析:

雷军在武汉大学读书的时候就有了做一家世界一流企业的梦想。金山上市,并没有让他觉得梦想已经实现。

——动机(M)

2007 年苹果发布了 iPhone 之后，重新发明了智能手机。雷军创办小米是因为他看到了这个机会。

——机会（O）

iPhone 的成功是因为软件、硬件、互联网服务融为一个整体，雷军把这个叫铁人三项，全球前五大手机厂基本上是硬件公司，所以硬件公司做不好软件，软件公司又害怕做硬件，所以他想创办的小米是铁人三项的公司，同时做软件、硬件也做互联网服务的公司。他树立了一个初步目标，假如能把微软、谷歌、摩托罗拉合并，这个公司应该非常牛，假如找到这三个公司顶级的人，他觉得能有新的机会。因此，他花了大量的精力找人，找合适创业的合伙人。

——能力（A）

雷军认为这是一个巨大的切入点，只有选择这种切入点才有机会在新的手机时代立住脚。

2.4 创业机会的四大基本驱动力

创业从发现机会开始。对机会认识得越清楚，创业者信心越强。真正的创业机会都是在环境结构性变化过程中产生的。所以，认识机会，除了需要认识表面的需求，还要认识驱动机会产生的深层力量。

那么机会是怎么产生的？纵观各种各样的创业机会，总结起来，创业机会产生的驱动因素有四种：新技术驱动、新市场驱动、政策驱动、企业管理成本驱动，如图2-2所示。

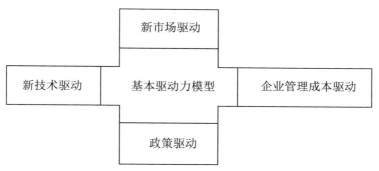

图2-2　创业机会四种基本驱动力模型

1. 新技术驱动

新技术驱动:出现了颠覆性技术。颠覆了现有产品的技术路线、制造方式；颠覆了现有服务的提供模式。利用新技术往往可以把行业重做一遍。

互联网出现后，新闻媒体，人与人之间的信息沟通工具，资料查询，等等，有了低成本方法。一些创业者敏锐地抓住了利用互联网技术重新做一遍新闻媒体、通信工具、搜索工具的机会，诞生了腾讯、谷歌、百度、新浪等互联网公司。后面，随着互联网技术的不断进步和用户的不断增长，商品的广告、展示、交易、支付环节也在互联网上重新做了一遍，诞生了阿里巴巴、京东、亚马逊等电商平台公司，并且这些电商平台的规模在短时间内超越了线下店巨头沃尔玛。之后，乔布斯把电话、上网、应用软件融合在一起，做出了 iPhone。3G、4G 普及后，移动互联网时代到来。新闻、即时通信、视频、电商、叫车服务又被重新做了一遍，新的创业机会潮出现。今日头条、微信、抖音、拼多多、滴滴打车等相继出现，诞生了一批超级公司。

新技术驱动不仅出现在信息领域。历史上很多伟大的公司都是抓住新技术的契机成功崛起的。通用电气是爱迪生借助电力技术发展的趋势，通过发明如电灯泡、电影摄影机和投影机等产品发展起来的公司。

20 世纪 60 年代，集成电路技术取得突破。集成电路将大量电子元件（如晶体管、电阻、电容等）集成在一块微小的半导体材料上，封装成芯片，实现特定功能（如放大器、振荡器、定时器、计数器、计算机存储器、微处理器等）。1968 年，罗伯特·诺伊斯和戈登·摩尔创立英特尔。英特尔从成立之初就专注于半导体产品的研发和生产。随着技术的不断进步和市场需求的不断变化，英特尔逐渐发展成为全球领先的半导体制造商之一。

半导体技术不断发展，芯片的性能越来越强大。集成电路板上所能够容纳的元器件数目在 18 到 24 个月的时间里面就会增加一倍，对于消费者而言，一美元所能购买到的电脑性能，在 18 到 24 个月内就会增加一倍。在芯片的性价比达到某一临界点，个人电脑成为可能。1975 年比尔·盖茨与保罗·艾伦合伙成立微软。1976 年史蒂夫·乔布斯、斯蒂夫·沃兹尼亚克和罗纳德·杰拉尔德·韦恩等人共同创立苹果公司。微软和苹果公司也相继成为世界级企业。

2010 年以来，电池技术飞速发展，汽车用电池作为能量来源成为可能。随后，电池与电机组合的驱动方式颠覆了汽车行业内燃机、变速箱、传动轴的驱动方式。汽车行业新创业机会出现。特斯拉、理想汽车、蔚来汽车、小鹏汽车等短时间内成功地实现从创立到 IPO 上市的跨越。

2. 新市场驱动

新市场驱动：由于各种原因，市场结构产生重大变化，出现了新的市场、新的需求。市场结构变化也会驱动创业机会的出现。随着人口老龄化，退休人群越来越多，"银发经济"日益庞大。养老、健康、老人社交等相关领域的创业机会诞生。人均收入增加时，消费者会"消费升级"。高端消费品需求增加，带动相关创业项目顺利成长。经济变差，失业率攀升时，消费者会"消费降级"。拼多多、希音等低成本、低定价的电商平台在这种时候就更容易快速发展。消费者的观念变化也是一种新市场驱动。例如，消费者健康意识日益增强，无糖饮料流行，主打无糖气泡水的元气森林快速兴起。

高速公路、高铁、航线的开通，也常常带来新市场。我们都对高铁扩大了周边游市场的这一点深有体会。近年来，一些新游戏公司成功开拓了中东市场。也出现了深耕非洲的建材巨头公司。这些属于地理纬度的新市场驱动。

3. 政策驱动

政策驱动：产业政策鼓励或者限制某些市场行为，也会催生创业机会。在绿色环保理念的影响下，各国都有环境保护方面的法律、政策。相关处理有害物排放的企业应运而生。近年来，控制碳排放成为新的国际共识，中国也出台了一系列支持低碳产业的政策。光伏行业、储能行业在这些政策的支持下，对相关产品的需求爆发。一批创业者抓住这些领域的创业机会，创办了一批批高价值公司。在中美科技竞争中，芯片制造是主要阵地。2018年以来，国家支持芯片发展的产业政策不断出台，中国芯片产业获得了非常难得的发展机遇。寒武纪等一批公司成功上市。

4. 企业管理成本驱动

企业管理成本驱动：大型企业发展过程中，受到管理成本的影响，会不断把非核心的业务环节外包出去。从大型企业剥离出来的业务环节会演变成独立公司。独立公司发展后，还会进一步分化，又产生新的公司。管理成本驱动着产业链的形成，也不断创造创业机会。

20 世纪 90 年代，房地产行业刚起步的时候，地产公司都是自己做销售。随着行业的发展，地产公司规模越来越大，销售环节逐步分化出去，变成了一个独立的房地产中介行业。医院原先都是自己做各种病理检测、化验。后来，第三方医学检测公司出现。其中，优秀的第三方医学检测公司金域医疗借势发展成为大型公司，2022 年收入高达 155 亿元。

企业管理成本驱动可能是产生创业机会最多的一种驱动力。第三方物流、教培、网红、代运营、物业管理等，观察这些领域的公司的出现，都可以找到一个处于根源地位的龙头公司。在整个行业不断发展壮大的过程中，价值链上的一些环节不断从企业内部分化出去，变成独立公司，再变成独立的行业。

商业界常有人说，要寻找结构性的机会。结构性的机会其实就是受到一种或几种基本驱动力驱动造成产业发生长期性重大改变的机会。熟悉和理解四种创业机会的基本驱动力，就可以借助基本驱动力认识发现的创业机会。要看发现的"创业机会"是不是结构性的重大机遇。如果不能用这四大驱动力之一解释机会产生的原因，那么往往这个所谓的机会就是"伪机会"，是个人臆想出来的机会。机会都不成立，当然创业项目就不可能成功。

另外，创业之路有些像唐僧去西天取经，要经历九九八十一难。如果创业者心中缺乏信心，根本坚持不下来。通过机会逻辑化，把机会分析清楚了，创业者就会产生长期信心。机会逻辑化，需要做到的事情之一，就是认识清楚机会背后的驱动因素。逻辑分析清楚了，就会产生信念，信念又会产生心力。李书福三十年前决定创业造汽车，原因就是他想通了汽车创业的逻辑。他认为，中国经济会持续发展，人均收入就会持续增长，收入增长会驱动家庭汽车需求，从而产生一个超级赛道。因为有了这个认识，李书福才有心力，想尽各种办法，克服创办吉利汽车过程中的种种困难。

值得注意的是，四大创业机会的基本驱动力也是行业毁灭的四大原因。如果一个行业从业企业发现公司站在了四种力量的对立面，那就得及早布局，及早战略转型了。

电池技术发展是新能源车企的创业机会，但对于传统燃油车企来说，就是毁灭力量。不能提前做好技术储备，趋势降临的时候，就会被冲垮。从2022年开始，中国新能源车市场爆发，一些老牌车企就面临着巨大困难。过去畅销的日系车，市场份额不断下降。而比亚迪从2010年起，就把资源投入新能源车相关技术的研发。

2022 年更是果断停产全部燃油车。站在趋势上的结果是比亚迪乘势而起，规模从过去年产 50 万辆左右，暴涨到 2023 年的 300 万辆的规模。

这是技术驱动的毁灭。人口出生数量暴跌，从 1400 万人降到 1000 万人，婴幼儿的奶粉市场就必然萎缩 30%，并且会很快导致幼儿园需求大降，小学过剩。消费潮流变化，一些进口品牌业务量就会大跌。

这是市场驱动的毁灭。过去几年，地产、教培、医药行业深刻体会了政策对行业的冲击。环保风暴消灭一批高能耗、高污染的工厂。中美科技战，美国脱钩政策，引发一些产业外迁产能，东莞等高度依赖外贸的城市，经济就增长缓慢。

这是政策驱动的毁灭。一些公司为了获得低成本竞争力，搞起了垂直整合战略。例如三星电子，从材料到芯片，再到手机，全部由自己制造，就会影响独立厂家的生存。某些技术变革，如 ChatGPT 的出现，让大型企业有了低成本、高效率的创意生产工具。这些企业就不再需要依靠大量人员来获得多样的创意。结果导致依靠这类企业订单生存的公司倒闭。例如，2023 年 4 月，广告业龙头企业蓝色光标宣布全面停用美工与文案外包，全部改成 AI 做。极度依靠蓝色光标外包单生存的众多设计工作室随之倒闭。

这是管理成本驱动的毁灭。产业因四大基本驱动力而兴起，也会因四大基本驱动力而毁灭。认识机会，需要穿透变化的表面，从底层驱动的力量上寻找机会产生的根源。基本驱动力明确，机会就明确。基本驱动力是长期的，机会就是长期的。

一般来讲，技术发展是不可逆的。先进技术一旦产生，就不会消失，除非产生新的更好的技术。因此技术驱动的力量确定性大。政策驱动力相对不确定性就很大。产业政策变化很频繁。政策不稳定是市场被抱怨最多的内容之一。在认识机会时，要注意驱动力的时效性。

对创业机会的认识深入到了背后驱动力，也就相当于认识到了地表深处的岩石层。建立百年基业，底层逻辑要牢靠。对创业机会的底层逻辑的正确认知，是创业者的长期信心来源。洞察行业底层的变化，也是任正非等企业战略大师能够提前布局、早早行动、穿越周期、让公司持续成长的原因。

2.5 认识创业窗口期

做投资的人都知道一个叫"雪球"的投资者社区。股神巴菲特有这样一句投资名言："做投资需要像滚雪球一样，需要厚厚的雪，长长的坡。"长长的坡，比喻行业有长期发展的大空间。厚厚的雪，比喻行业的利润丰厚。理想的创业机会当然应该就是这种。

存在期过短的阶段机会就不是一个创业机会。例如，2020年疫情开始的时候，全社会面临口罩慌。口罩货源非常难找到。口罩价格飙涨，利润惊人。于是，就有一些人想抓住这个机会，创业做口罩厂。但是，口罩价格高企现象也就持续三四个月。等他们把资金、设备、生产工人、原料搞定，能够生产合规产品的时候口罩价格就下来了。没有品牌优势、规模优势、渠道优势的创业企业，在产能过剩时，当然就被无情地淘汰。2020年的口罩商业机会就属于阶段性机会，从产生到退潮，时间太短，不足以让一个创业公司借助口罩机会成长为大型公司。

当然，"口罩机会"比较极端，也比较好判断。有些阶段性机会存在期有几年时间，那就更具有迷惑性了。例如，手机贴膜的创业机会。智能手机屏幕大，屏幕容易摔碎，催生了贴膜市场。曾经这个市场需求火爆，催生了一大批贴膜小哥。但是，随着手机屏幕技术进步，以及钢化膜产品的迭代，这几年，贴膜就不再是一个独立的行业了。消费者买手机，或买手机壳的时候，就能获得一片免费的屏幕保护膜。贴膜操作也很简单，一般人都可以自己贴膜。同样，手机扫码充电这个行业，随着手机电池技术的发展，电池容量变大，手机续航时间变长，也会越来越萎缩。

相比而言，汽车行业就是一个长时间的大机会。李书福创办吉利汽车，就是因为认识到了这一点。后来的事实也证明，从1996年开始，中国乘用车市场迎来了一个长达二十年的成长期。到2017年，中国乘用车销量才达到2500万辆这个顶峰。

不仅机会持续的时间有限制，适合创业的时机更有限制。行业周期理论表明，适合创业者创业的时间窗口一般就是行业的导入期。在行业导入期，市场需求扩大，新用户不断进入，同行利益冲突少，大家一起培育市场，相互协作做大蛋糕。就像新大陆被发现后，很多国家的探险者前去探险。他们在不同的地方登陆，然后沿着各自的路线向大陆腹地探索，建立各自的殖民地。开始的时候，新大陆足够大，探险者很容易找到一个无人占据的地方，建立自己的地盘。探险者之间用不着相互争抢。行业导入期是创业的最佳时期。

创业窗口期有多久？风险投资行业的普遍看法是，创业窗口期就是市场渗透率从0到10%的时间。这个市场渗透期就是创业窗口期。创业窗口期是一年还是十年就要看具体行业了。

2013—2014年，中国移动支付快速普及。移动支付显然是一个改变社会交易方式的大机会。但移动支付的创业窗口期却很短。2013年8月微信支付上线，中国移动、联通、电信也都推出了各自的移动支付产品。2013年11月，微信支付用户从零增长到了

1000万。2014年春节，微信支付的春节红包把用户扩大到1亿，银行卡捆绑数突破3000万。从此以后，微信支付就和手机支付宝共同主导手机支付市场。移动支付领域的创业机会结束，移动支付行业进入寡头竞争阶段。腾讯和阿里巴巴围绕着手机支付市场份额，展开针锋相对的补贴大战，使移动支付快速普及，也使微信支付和支付宝迅速瓜分了市场，关闭了行业的创业窗口。之后，即便抖音、美团这些超级App相继推出各自的移动支付工具，也完全无法撼动微信支付和支付宝的地位。

VR眼镜却是另外一种情况。从2012年谷歌发布VR眼镜到现在，十多年过去，不断有创业者进入VR/AR领域。但是，至今VR/AR的市场渗透率还是没有到10%，可以说行业一直处在"创业窗口期"。

当然创业窗口期并不是完全不能突破。资源丰富、资金实力雄厚的创业者也可以晚一点入场——在行业导入期结束、成长期早期进入。依靠资金实力收购已有的创业公司，或者依靠用户、品牌、渠道等优势强行争夺创业公司的市场，也有机会后发制胜。不过，进入的时间越晚，需要付出的代价就越大。如果行业发展到了成长期后期，行业开始残酷的淘汰赛时，一般就不能再进入了。

2.6　机会要痛点化

认识机会，确定了机会背后的驱动因素，把机会逻辑化，是创业长期信心的来源。但在逻辑和行动的两个层面，要想创业活动高效，机会逻辑化还不够。正确的做法是：还要进一步显化机会，把机会痛点化。要找到一类客户一个场景的一个痛点。

为什么要机会痛点化？有如下三个原因。

（1）逻辑并不可靠。机会逻辑化之后，创业者容易陷入认知陷阱。作者见过很多失败的创业者，就是陷入了这种机会逻辑化的陷阱。用一系列时髦的概念，建立起来一个自认为非常严密的逻辑，认定市场一定会按照他们想的那样发展，即便是在现实中屡屡碰壁，也不肯醒悟。这种现象非常普遍，就是俗称的钻牛角尖。

陷入逻辑陷阱的人别人很难唤醒。用逻辑打败逻辑基本不可能。最好的方法，就是树立实事求是的观念。相信事实比逻辑更可靠。没有多方面的事实依据，逻辑再正确，也还是不能全信，更不能迷信。对于创业来说，既然创业机会是市场需要的一个新企业的机会，那么，真正的机会就一定有对应的客户。找到目标客户，切换到用户真实场景中，确定是否存在逻辑上预测有的需求。在逻辑和事实矛盾的时候，我们要相信：逻辑会出错，事实更可靠。

这一验证逻辑的过程，包含在机会痛点化的过程中。

（2）找到了用户痛点，产品开发才会有的放矢。企业通过产品或服务满足顾客需要。用户痛点，就是最强烈的需要。找到痛点，开发出能够解决用户痛点的产品，当然用户就容易掏钱买单。而且，对于企业研发部门来说，最容易犯的错就是需求不明确，技术人员"闭门造车"。设计一堆没有市场需要的产品或功能不仅浪费研发资源，还会导致销售效率低。

雷军回忆，当年为了应对微软的 Office，金山公司决定举全公司的力量开发一个盘古 Office。他们没日没夜地干了三年，结果产品上市后，销量不到预期的 1/10，连带着老产品也卖不动了。金山公司一度发不出工资，到了崩溃边缘。为什么花了那么多心血，做出来的好产品却没有用户买单？雷军怎么也想不明白，没办法，他决定亲自去站店卖货。在店里卖了七天软件之后，雷军发现，1996 年的电脑用户最需要解决的痛点是电脑入门。金山公司立刻组织人员，开发了一个没有技术难度的教电脑入门的软件。一经推出，立刻上了畅销软件排行榜，一下子就解决了金山公司的生存危机。

雷军自己总结说："这一过程给了我巨大的震撼，我重新理解了一个非常浅显的道理：一定要做用户需要的产品，不要做那些看起来高大上的产品。只要这个产品是用户需要的，销售就不是问题。有了这样的理解，再做产品就不难了。再回头看盘古的问题，其实很简单，就是脱离群众、闭门造车。"

（3）找用户痛点的过程也是确定目标客户的过程。创业开始时，创业者往往对用户痛点的确定并不清晰。很多后来非常成功的创业者，一开始，也是觉得机会来了，就组建公司，开始创业。马化腾创立腾讯就是这样的例子。处于这个状态的创业项目必然需要经历一个探索期。探索期也可以说是寻找用户痛点的过程。痛点是用户的痛点。找到痛点，必然也就找到了目标用户。明确了目标用户，就可以围绕着用户寻找触达用户的最佳渠道。确定主渠道，保持专注，逐步迭代出营销的方法。

李想高中毕业后直接创业，连续创办了泡泡网、汽车之家和理想汽车，实现了从高中生到如今千亿级新能源汽车公司的CEO的转变。可以说，李想对技术、对管理、对社会的理解有了质的飞跃。他对用户痛点的理解和把握没有变过。

我们来看看李想对泡泡网、汽车之家、理想汽车用户痛点是如何说的。

我做网站的时候，发现所有的网站在用户访问最多的时间段（凌晨）都没有更新。但是大家都是早上上网……我每天早上5点钟起床，开始做更新，六点到六点半的时候就更新完了，大家都来我的网站看。其实我在整个高中只用这招就把信息港里同类的个人网站都干掉了。

——来自李想回忆做泡泡网的经验

我们用了我高中时候用的那招，在更新频率上想办法。我们发现所有的汽车网站周六、周日都不更新。我们就周六、周日做两部分内容，时效性比较强的放在周六更新，一部分定时发布，周日更新。这样周六、周日都有更新。那时候访问量上涨很快，属于白送流量。因为消费者周六日需要看车。那时候真的没有什么内容可看，一个网站一篇文章恨不得看十遍。

——李想回忆做汽车之家的经验

第一个挑战是充电难的问题……消费者没有任何义务，买一辆电动车以后，整个的体验、行驶半径、效率比燃油车下降。第二个挑战就是电池成本高。充电难＋电池成本高的问题如何解决？我们就做了增程电动车……我们当时做了最重要的选择——做大电池（40度起）。

——李想回忆为什么做增程式汽车

2.7　总结你的创业机会

　　创业从发现机会开始。选对了机会，创业就成功了一半。锁定机会分为四个步骤：发现机会，认识机会，显化机会，评估机会。机会由环境变化孕育，是外部的。技术、市场、政策、企业管理成本四大因素驱动着机会的产生与覆灭。机会逻辑化，搞清了机会的驱动因素，有助于建立创业的长期信心。但是，创业者对机会的认识不能仅仅停留在逻辑化的阶段。要顺利开展业务，要避免走弯路，避免长时间的、痛苦的摸索，还要显化机会。就是把机会痛点化，找到一类客户一个场景下的一个痛点。痛点不能是逻辑上推导的痛点，而是用户视角下，看得见、问得到、摸得着的需求。

　　创业机会确定了，那是否就能够抓住机会做成大公司呢？当然也没有那么简单。机会也分大小好坏。大机遇孕育大公司；小机会孵化小公司。小池塘里面养不了大鱼。评估机会有两个关键的维度，一个是潜在市场规模，一个是创业窗口期。

　　以市场规模为横坐标，窗口期为纵坐标作图，能够粗略划分出四个象限，如图 2-3 所示。

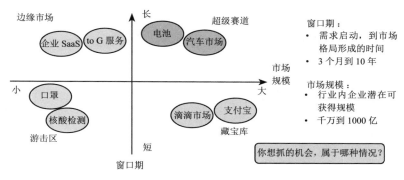

图 2-3　创业机会评估图

第一象限：超级赛道。新能源汽车、锂电池、以前的房地产等，市场规模万亿级，创业窗口期也长，是超级赛道。抓住这种机遇，需要有资源且能力非常强的人。

第二象限：边缘市场。企业 SaaS、各自 to G 服务。市场碎片化，但创业窗口期长，找到机会后，几乎随时可以创业。

第三象限：游击区。口罩、核酸检测之类的。市场小，又是特殊时期的机会，窗口期短。只有强资源的创业者，快进快出，才能成功。

第四象限：藏宝库。移动支付、打车、IM（即时通信）这种，市场规模巨大，但创业窗口期很短，抓住需要运气。

机会评估图是一个可以多机会定性比较的工具。使用这个工具，在创业机会爆发期能够帮助创业者发现更好的机会。在移动互联网到来时，创业机会大爆发。2011 年张一鸣从创立的九九房退出，选择做通用的 App，成就了今天的超级互联网企业——字节跳动。如果当时他还是坚持做垂直 App，那可以肯定，他再怎么努力也难有今天成就的千分之一。

第3章　审视资源禀赋

巧妇难为无米之炊，创业也需要资源。资源在管理学中是一个内涵丰富的概念。资源包括一切有形、无形资产。技术、专利、品牌、关系、资金、许可、材料、固定资产等，这些有助于形成产品、促成交易的东西都是资源。对企业来说，资可以不求所有，但求所用。自己不拥有，又买不来或用不了的，就不是公司的资源。

3.1 资源是创业的基础

投资人考察一个项目、评估项目的资源禀赋，一般考察五个方面，如图 3-1 所示。

图 3-1 创业五项核心资源

1. 创业者评估

创业者个人是创业资源中最为重要的要素。IDG 资本熊晓鸽经常说的一句话是"做投资无非就几件事，投哪个行业、哪种产品，以及主要还是投人"。创业者对项目的成败影响很大。虽然时势造英雄，但英雄也会改变时代。怎么看人？总结下来，有五个方面，值得一一评估。

（1）创业经验。就是考察创业者有没有创业经验。如果有过创业经验，过去做得怎样，有什么成功或失败的认知。有创业经验，开过公司的人的成功率会高过首次创业的人。有成功创业经验、搞过上市公司的人再次创业的项目，是投资人追捧的对象。

（2）社会关系。就是创业者是什么圈子里的，和什么人熟悉，相当于俗语说的背景。有些创业故事中，创业者在一个饭局上敲定了千万天使投资资金。这类故事虽然有些夸张，但也有一定的真实性。创业者的天使资金来源一般都是个人的社会关系网的投资人。背景强、社会关系内包含的资源丰富的人，创业当然有利。

（3）专业能力。指创业者在技术、销售等方面的专业能力。要评估创业者擅长什么。创始人是公司的塑造者，创始人的长处往往是公司独特性、竞争优势的来源。

（4）管理经验。指创业者管理过的团队规模，团队成员对创业者的领导力的评价。创业者管理经验、管理能力的评估往往被忽略。但是在创业公司规模超过30人的时候，创业者的管理能力就会开始影响公司发展。越往后，影响就会越大。作者碰到过创业者始终过不了管理能力关，团队每年离职率超过50%，搞得公司各项工作都不稳定，错失发展机会的项目。

（5）学习能力。判断创业者是否有潜力要看其学习能力如何。新手创业者没有创业经验，缺乏专业背景，如果学习能力强，也能成长为企业家。李想高中毕业开始创业，如今是千亿级科技企业家，就是很好的例子。学习能力差，即便专业背景强，企业的成长空间也有限。

2. 资金评估

资金也是重要的创业资源。其他的资源都有方向性，有特定用途。只有资金是万向的，可以转变为其他资源。只要钱够多，可以买到技术、渠道、供应链。一些资本实力雄厚的企业就是通过收购公司进入新领域，直接把人才、技术、客户一起买来，变成自己的。马斯克刚开始也是以投资人身份进入特斯拉。唐彬森也是因为投资成就了元气森林。

有些类型的项目创业资本的门槛很高。比如，做新能源车、做电商平台这些类型的项目，需要的资金门槛就很高，或许资金门槛高达 100 亿元。随着 ChatGPT 的横空出世，大模型创业潮出现。但是大模型要求配套庞大的算力，如果启动资金不够，这类机会就不可能抓得住。资金充足的创业项目，在招募人才和抗风险能力方面具有优势。

3. 技术评估

技术资源的重要性不言而喻，它是审视创业项目资源禀赋时重点评估的内容。对于科技创业的项目来说，领先的技术是成功的关键。在风险投资行业，特别是科技类投资者，都会想办法评估技术的真实情况，在技术先进性、可行性、经济性、可靠性等方面，花很多时间进行验证、评估。李彦宏在搜索领域的技术能力是百度能够吸引到投资并且创业成功的关键原因。不仅对于高科技行业来说技术是关键要素，一些不属于科技行业的行业，比如消费品行业，做出高性能或低成本的产品，也需要技术做支撑。To B 领域的项目，团队的技术能力以及发展技术的能力也对日后的可扩张性有重大影响。技术能力强的公司有可能获得一些令人惊喜、意想不到的突破性进展。

4. 供应链评估

发达工业体系的标志是产业分工非常细。最终产品都是产业链上成千上万个公司共同完成的杰作。中国经济的一个显著优势就在于形成了世界上最为完整的工业体系，供应链资源最为丰富。供应链往往是企业低成本、敏捷性优势的来源。在餐饮、服装、智能终端等领域，供应链能力往往是评估项目竞争力的关键点之一。

在芯片领域，长三角的供应链最为完整，所以，相关项目在长三角容易成功。在电子产业，以深圳为中心的产业链最为完整。电子领域的创业项目可在深圳及其周边找到优质的配套厂家。广州聚焦了发达的服装等消费品供应链资源。Shein 创业者把公司总部从南京搬到了广州，核心原因就是中国的服装、布料、辅材产业聚集地的交易中心在广州。把总部设在广州能最大限度地获得优质的供应链资源。

5. 渠道评估

渠道是联络商家和用户的桥梁。企业制造的产品需要通过渠道找到客户完成交易，才能变成收入。无论是 to B 还是 to C 的项目，都需要重视渠道选择与建设才能形成规模销售。例如，医药企业要让医疗设备在医院形成销售，就要发展代理、医药代表等。造车新势力要把汽车卖到全国，也要在全国各地建立销售、服务网点。依赖店面销售的咖啡、新茶饮、火锅店，门店数量、位置决定着品牌优势、规模优势。

可以从创业者、资金、技术、供应链、渠道这五个方面出发评估项目所具有的资源禀赋。评估分成三档或者五档都可以。三档可以分为无、有、强。五档可以分为无、弱、中、强、独有。除了资金是万向的，其他的资源都有定向性，评估时要注意行业特点。

作者在考察项目时发现，不少人会把自己正在做的事情当成资源。这是不对的。正在做的事情还没有形成成果，还不是资源。

严格来说,真正做的事情不仅不是资源,还会消耗资源。公司做任何事情都需要投入人力、物力、财力,也就是要投入资源,消耗资源。用资源评估标准来看,正在做某件事,说明这个方面资源缺乏。只有已经积累好了的,可以使用的资产、技术、能力、关系等,才是资源。做出来了,形成资产,并且在市场上经过检验,有价值,能够反复使用,才是资源。

团队不算资产。投资人在考察项目时,也会调查创业团队其他成员的背景和能力。不过要小心把团队成员当成资源。看到强背景的团队成员,就认为公司能做出很好的业绩。作者认为,没有股权的创业团队成员说到底只是雇用的员工。员工不是公司资产,他们随时可以离职。即便是有股权的团队成员,在现在的社会文化背景下,也很难当成公司的资源。因为,太多创业团队没过多久就会分裂。创业团队能够一直合作到上市的,少之又少。

通过了解团队成员的背景可以理解创业公司能力的完整性。更重要的是,通过对创业团队的评估,可以侧面验证创业者的真实背景、管理能力。真正了解创业者,并据此对创业项目做出判断,比了解团队其他成员更重要,也更准确。

一般来说,优秀的人会吸引优秀的人,靠谱的人有长期的追随者。通过了解团队其他成员的背景,以及什么原因加入这个公司,往往比创业者自己说的更能准确反映创业者的能力和项目前景。

3.2 资源对于创业业绩影响重大

资源的多与寡对创业业绩影响重大。资源多虽然不能保证创业成功，但是可以增加成功的概率。强资源配合正确的战略可以大幅缩短创业公司成功的时间。雷军曾说，他从阿里巴巴十年创业的历史中总结出了阿里巴巴成功的三个原因。第一个是找到一个巨大的市场，第二个是找到一群靠谱的人，第三个是相对同行而言融到一笔永远都花不完的钱。也就是，雷军认为资金比同行多，是阿里巴巴成功的关键原因之一。

2019 年 4 月成立的哈勃投资，到 2023 年 4 月份，仅仅 4 年时间，就投资了近 90 个项目，并且有 12 家 IPO 上市。这业绩，在风险投资行业非常亮眼。哈勃投资能够如此成功，当然离不开华为的强大资源加持。哈勃投资是由华为投资控股的公司。哈勃投资成立之初即聚焦对第三代半导体（碳化硅）、EDA 工具、芯片设计、激光设备、半导体核心材料等领域初创型企业的投资，关注解决"卡脖子"的相关技术和产品。

哈勃投资的标的都是和华为产业链相关的项目。华为作为龙头企业，对相关产业链有巨大的影响力。一方面，作为产业龙头，华为非常清楚相关产业下一步的技术发展方向，所以找项目更精准，也有能力提供一般投资机构所不能提供的技术资源。另一方面，华为也能够做到真正的业务赋能。华为每年的采购规模达数千亿元，是这类企业的大客户。这也是一般投资机构所没有的资源。在华为强大的资源加持下，配合过去几年芯片及芯片相关公司上市的扶持政策，所以哈勃投资取得了如此惊人的业绩。

1997 年才成立的广汽集团是几大国有汽车集团中起步最晚的。如今，广汽集团在中国汽车格局中占有举足轻重的地位。广汽集团能有如今的业绩，和广汽集团从成立一开始就注重获得强大资源有关系。在广汽集团的业务结构中，与丰田汽车合资的广汽丰田 2022 年全年共生产 1 009 265 辆汽车，共销售 1 005 000 辆汽车，分别占据总产量和总销量的 40.70% 和 41.29%。与本田汽车合资的广汽本田则全年累计生产汽车 767 826 辆，销售汽车 741 808 辆，两家合资品牌的产量和销量分别占据集团的 71.66% 和 71.77%。广汽本田 1998 年成立。广汽丰田 2004 年成立。广汽本田成立，广汽获得了雅阁车型。广汽丰田成立，广汽更是获得了全球畅销的"佳美"（后改名凯美瑞）车型。雅阁、佳美的强大产品力让广汽业绩持续增长。尤其是丰田凯美瑞的投产，给广汽带来强大且持续的业绩推动力。丰田凯美瑞是世界汽车行业最为成功的中高级轿车。2002—2004 年，凯美瑞每年的全球总销量均超过了 60 万辆。广汽丰田凯美瑞 2006 年投产，当年销售收入达 120 亿元，2007 年收入高达 320 亿元。

哈勃投资和广汽集团的案例说明资源对业绩影响大。适合机会的强大资源能够让公司直接腾飞。如果企业的资源不够，好机会搞不好还会让公司倒闭。QQ 1999 年 2 月上线之后，发展迅猛，仅仅 9 个月注册用户就超过 100 万（请注意，这是 1999 年的 100 万注册，当时全国上网用户总数还不到 400 万）。用户迅速增长，需要更多昂贵的服务器。刚刚创业的腾讯公司缺乏足够资金支撑暴涨的用户。腾讯公司创业 1 年，现金流就要枯竭了，倒闭就在一瞬间。面对资金的压力，马化腾和他的创业伙伴一度想要卖掉公司。当时马化腾对腾讯公司的标价仅仅是 300 万元。幸好造化弄人，马化腾没有找到买家，否则今天中国就少了一个互联网巨头。就在马化腾借光了周边朋友的钱，眼看撑不住的时候，救星来了。2000 年 4 月，IDGVC 找上了这个小小的创业团队，联合李泽楷，以投后估值 550 万美元投资腾讯公司 220 万美元，占 40% 股份。拿了这笔投资后，腾讯公司才解决了生存危机，避免了因为 QQ 的迅猛发展而关门倒闭的结局。

腾讯在最后关头非常幸运地拿到了投资资金，但不是每个创业者都有这样的运气。创业公司一下拿了太多大单，但是交付能力不够，不能按时完成，然后被用户起诉赔偿，导致破产的事情，并不罕见。作者知道一个创业项目，产品不错，上了李佳琪的直播，结果很火爆，订单暴涨。公司匆忙加班加点生产，结果出现批量质量问题，导致退货、投诉，好事变成了坏事。回头总结，问题还是公司积累的资源不够，不足以接下这么大的单。众多的退货和投诉引发了网络吐槽，品牌受损，后续还导致业绩发展势头受阻。

3.3 可促使用户买单的才是优势

创业除了要审视拥有资源的量，还要审视资源的质，看看是否有优势资源。优势资源可以成为企业业务发展的支撑点、发力点。但是，识别优势资源，要避免误读。有些创业者在审视资源、挖掘自己的优势资源时，会把企业文化、管理、团队，或者技能优势当成了优势资源。这种评估不对。优势资源要站在客户角度看，能促成用户购买的才是优势资源。

余承东 2022 年 4 月在谈及华为造车的优势时说："目前汽车行业处于变革时代，过去的是机械工业时代，底盘、发动机、变速箱是核心要素，今天这个时代不是这三大件的核心要素，因为底盘越来越标准化，过去传统的机械部分由电池、电机、电控、电源管理取代，它们的智能化是差异化的核心。

"行业在改变的时候撞到了华为的优势。华为在电池、电机、电控、电源管理方面的积累不比其他企业差。车里面的自动驾驶和智能座舱是整个智能化的核心，这一块是华为最擅长的。人机交互，鸿蒙生态，生态打通，这都是华为的优势。"

在这段讲话中，余承东谈到了汽车行业变革产生的机会及华为拥有的相关资源及资源优势。虽然华为的资源很多，但是关键的优势资源是自动驾驶和智能座舱。2023年新能源车市场的发展既验证了华为在自动驾驶和智能座舱方面的强大的技术实力，也验证了这两方面资源在车主中的强大号召力。新智驾版M7上市短短两个半月，大定就超过10万台。

在优势资源得到市场验证后，华为的汽车战略也逐渐明确。2023年11月25日，华为与车企成立合资公司，并且注入智能驾驶、鸿蒙座舱、智能汽车数字平台、智能车云业务。显露出了华为以优势资源为基础，通过组建智能汽车产业联盟，以智能技术赋能联盟内车企，共同推动中国智能汽车发展的战略。

领悟了用户愿意购买的才是优势，对于创业者构思创业战略非常重要。基于优势资源设计的创业战略要在最终产品或服务中体现优势。过度发挥想象，用户会不买账，制定的创业战略就会无效。

假设一个技术创业者在工程菌培养方面有非常先进的技术，他手上的菌对人体有益，并且培养条件简单，如果他看好生物护肤品的市场，想凭借他在菌群培育方面的资源进入这个领域创业，那么他应该做一个品牌还是专业做生物活性材料，成为品牌的供应商？

很多人选择做生物护肤品品牌。理由一般都是品牌能做大，或者，自己能够搞出比市场上的竞品性能好的产品。但是，这种选择失败率极高。选择做品牌的供应商很容易成功。因为做品牌要把成品卖给千千万万 C 端用户。但生物护肤品市场上并不少见。用户没有专业能力，对于不同产品在菌种上的差异，很难有客观感知。广告对于用户购买意愿的影响更大。也就是说，菌种培养成本上的优势在普通用户那里体验不到。如果选择做供应商就不一样。这时候，项目的用户就从普通人变成了品牌厂的专业人士。他们能够直接识别生物活性原料的性能、成本差异。这样创业者的菌种技术资源就会变成真正的优势。

这个菌种项目虽然是一个假想项目。但类似情况，在创业项目中普遍存在。特别是技术专家创业，这类情况更常见。创业战略错误，资源"优势"体现不出来。产品缺乏优势，市场打不开，又让创业公司陷入泥潭。

作者接触过一个做地产销售技术服务的 Y 公司。这个公司经过几年的积累，把地产商、现场销售促成、多种引流渠道、买房的整个过程数字化了。做了这个产品后，公司又发现了一个"垫佣"市场机会。现在住宅都是地产公司和中介公司合作完成销售。中介公司承担引流、跟单、现场成交等责任，收取住宅销售佣金。

要激励销售中介，最好的办法就是及时结佣。但地产公司严格的费用审批流程决定佣金根本就无法及时支付。销售代理、中介机构真正能拿到钱，往往是客户购房 1 ～ 2 个月之后的事情。这就产生了销售激励与费用支付流程的矛盾。这个矛盾就催生了第三方垫付佣金的需求。

Y 公司因为已经有了交易的技术平台，能够准确确认购房过程的真实性。为了增加收入，就想搞垫佣业务。一开始，业务进展还挺顺利。无论是地产商，还是销售代理、销售员，都很欢迎 Y 公司做这个业务。不过没过多久，Y 公司的管理者就发现问题了。一是，他们资金有限。他们不是金融机构，没有资金来源。签了几个楼盘的业务之后，公司自有的资金就消耗完了。没有带来多大的业务量，也不能够给他们的技术服务业务带来多大的助力。二是，风控很难。缺乏可靠的手段，保证地产公司按时给佣金，不违约。随着地产行业调控，地产公司普遍现金流紧张，业务风险越来越大。

发现这两个问题后，他们也想了很多办法，可效果还是不好。作者了解这个情况后，告诉他们，战术的努力是弥补不了战略缺陷的。在作者的启发下，他们也想明白了，他们的交易系统仅仅是让他们有这个能力做这个事情。但垫佣业务本质上还是金融业务，用钱生钱。金融业务的优势资源是低成本的资金来源和强大的风控能力。而这两方面的资源，都是 Y 公司缺少的。对一个以技术能力见长的公司来说，这两个资源弱点也是无法弥补的。

想明白了这个，他们就做了战略调整。放弃自己做，找有相关优势资源的公司合作，帮助别人去做这个业务。随后不久，Y 公司就找到了银联背景的公司合作开展垫佣业务。虽然合作之后，Y 公司没有了垫佣收入，但是其销售技术服务业务因为有强大的资源加持，业绩倍增。

3.4　通过结盟获得关键资源

Y 公司的经历，也引出了创业战略中的一个重要课题——结盟。结盟或者叫联盟，是企业间常见的关系形式，对企业经营有多重作用。创业开始资源少，存在能力短板。创业通过与资源丰富的成熟企业结成战略联盟，获得资源加持，可以大大节省资源积累的时间，加快发展速度。而大型成熟企业也有和中小企业结盟的内在需要。因为，大型企业也有其竞争对手。大型企业之间的竞争往往是长期的、体系化的竞争。大型企业与中小企业结盟建立自己主导的企业生态，形成产业集群优势，就有机会在与其他大型企业的长期竞争中获得优势。在互联网领域，腾讯和阿里巴巴就是两个长期竞争的大型企业。腾讯和阿里巴巴也都通过投资等发展出了各自的企业生态，建立了联盟。

2014 年 4 月，腾讯正式宣布与京东建立战略合作伙伴关系。腾讯将通过向京东出资 2.14 亿美元（约合 13.13 亿元人民币），并置入旗下大部分电商资产，获得京东 15% 的股权。此外，腾讯总裁刘炽平将加入京东董事会。

京东 CEO 刘强东在致公司员工的公开信里表示，与腾讯战略合作后，京东获得了微信、手机 QQ 的入口，京东将在移动互联网领域突破重围。同时，京东将构建行业最完善的电商生态圈。除了自营 B2C 和平台 B2C，京东将通过拍拍网进入 C2C 业务，从而可以覆盖更多用户群体。

京东通过和腾讯公司结盟，获得了微信入口，一举解决了移动互联网时代的流量问题。这对于后来京东电商的发展起到了重要的作用。当然，2014 年的京东已经在电商领域创业多年，并且即将上市，有资格和腾讯公司结成联盟。京东与腾讯是强强结盟，但并不意味着，初创公司就没有结盟的可能性。

2016 年 5 月 19 日晚间，江淮汽车发布"关于与蔚来汽车合作的进展公告"，称双方已经在 5 月 18 日签署了《制造合作框架协议》。根据协议内容：双方同意合作从事新能源汽车生产，蔚来汽车将授权江淮汽车使用其商标和相关技术，生产商定制新能源汽车车型，江淮汽车负责进行合作车型的生产。这个时候的蔚来汽车还是一家刚成立不到两年的公司，并没有任何产品在市场上销售。而江淮汽车已经是一家上市多年的汽车企业。

对于蔚来和江淮合作的理由，蔚来汽车李斌表示："两家公司理念趋同、业务相关、优势互补，进行战略合作可以减少重复建设与重复投入，提升全行业的创新能力与效率，提升我国新能源汽车产业的国际竞争力。"

这段话直白些说，就是蔚来没有获得汽车生产资质。江淮有现成的生产资源。双方结盟，让江淮为蔚来提供生产工厂，蔚来就可以最快的速度让产品上市，既节约了投入，又节约了时间。江淮董事长安进明确表示，与蔚来汽车的全面合作有助于推动江淮汽车的电车技术进步、品牌提升。

上一节提到的 Y 公司，后面也是通过和银联关联公司结成联盟才获得了足够的资源去开展垫佣业务。1980 年，微软还是一个小公司，也找到机会和 IBM 建立了合作关系，成为 IBM PC 的默认操作系统供应商。

创业公司不要因为公司小，就不敢去寻找结盟机会。实际上，正是因为小，资源少，才需要去整合资源。创业者整合资源，需要大胆想象，勇于行动。

3.5 结合资源禀赋选定机会

通过审视资源禀赋，明确创业的资源优势，了解资源短板。在选择创业方向时，要结合自身资源条件。这就是人们常说的创业要找合适自己的机会。

1. 结合资源禀赋的长板与短板选择机会

先来看一个关于李想的案例：创业一定要找到能成"NO.1"的领域。

2004 年，我和合伙人商量要选择新领域，趁着泡泡网还有利润干点新事儿。

做新领域的第一重要的因素不是喜欢，我可以不喜欢，但是必须在这个领域能做到第一，因为常年做老三是件非常令人痛苦的事，什么都改变不了。因为你去客户那里，跟客户谈，客户说因为老大给了我这些条件，所以你必须给，我们没得商量，客户说什么，我们就答应什么，很被动。所以我们要找一个成为第一的领域。当时筛选了三个领域，一个是旅游，一个是房地产，还有一个是汽车。

（1）分析自己擅长什么，能不能干成。先看房地产，泡泡网当时有 100 多人。那时做得最好的房地产网站是搜房、焦点。我们去研究搜房，发现它成功的原因是各地的分站，因为北京的房子、石家庄的房子跟上海的房子没有任何的关系，它开了分站。我看了一下，有将近1000人分布在全国，后来我们想了想，感觉这件事做不成，因为我们总共才100多人，让我们去管理一个分布在全国那么多城市的千人的规模的公司，这不是我们擅长的。就放弃了。

第二个看旅游，旅游当时做得最好的是携程，那时候还没有人会拿着手机App下单。那时候携程做得最多的事，是在各个机场发一张卡，拨打电话订机票、酒店。访问网站也都是拿着电话，没有人直接在网站上下单。我去研究携程，当时最厉害的是呼叫中心，也是好几千人。这个规模也很大，我们的管理经验不足，也做不了。

（2）对手很差，即使是后来者也有机会。最后看了汽车，当时一看汽车太好了，简直是为我们量身定做的。为什么，第一，汽车是标准化的产品，你看到宝马3系，在北京、石家庄、乌鲁木齐看到的都是一样的，这跟我们做过的IT产品非常相似。汽车的品类非常简单，当时的汽车种类比现在少得多，汽车的复杂度远远小于当时手机品类的复杂度。这是第一个因素。

第二个因素，看看这个行业里的人怎么样。我当年就说这是一帮懒人，所有的人天天在发厂商的新闻稿，不做任何东西，懒到没法再懒的地步。IT 网站有竞争，汽车网站没有，所有的人就是发发厂商的新闻稿、图片就完事了，竞争对手太弱了，比 IT 网站的对手们弱得太多。

（3）看准时机，抓住卖方市场向买方市场转换的过程。再看第三个：是不是好的时机？因为我们特别在意时机是不是好的，因为泡泡网错失了时机。我们发现汽车是一个特别好的时机，为什么？因为当时汽车市场跟 1999 年、2000 年的电脑市场非常相似，是一个卖方市场。

在 2004 年的时候造出来的车不愁卖。更离谱的像本田雅阁这种车，从生产第一辆开始加价，到换代退市都在加价。随便一个 4S 店开了以后，一年回本。今年的 4S 店，库存车堆到没有地方放，雅阁的优惠 3 万元起。

当时认为任何一个市场的爆发，都是从卖方市场向买方市场转换的过程，这是爆发的本质。

上文是李想在 2015 年发表的文章，他在文中回顾了自己 2004 年选择创业做汽车之家的思考过程。2004 年，互联网创业机会很多，李想决心选一个可以做到第一的行业。他筛选了旅游、地产、汽车三个行业。最后选择了汽车作为他的创业方向。选择的核心理由是，汽车和他做过的计算机硬件很像，都是标准品。标准品行业门户网站的玩法他熟悉，也就是具备做的资源。并且，相比当时的竞争对手，他有资源优势。刚好，汽车门户网站的创业时机也对。汽车行业处于爆发期，需求增长快，增量市场大，网站容易启动。筛掉旅游、地产的原因是，这两个行业要成功，需要创业者具备很强的团队管理能力，能够管理几千上万人的团队。而李想当时才23岁，管理是他的短板，不是优势。认识到自己做好旅游、地产行业必需的关键资源不足，他就果断放弃了这两个领域的机会。后来，李想创办的汽车之家果然成长为汽车领域最大的门户网站。

2. 关键企业基因不能缺

在大竞争中的大产业要想获得成功，关键资源不能缺少。关键资源是行业本质要求的某个能力。往往是用钱买不来的、创业者需要拥有的某种专业技能。目前，没有很好的管理名词定义这类资源。作者就暂时按照通俗的叫法，称其为企业基因吧。

下文是来自微信公众号"创业战略学堂"的文章《欧洲为什么没有崛起的新造车企业？》或许对我们有用。

面对燃油车向电动车转型的行业变革机会，为何中国能出现蔚小理，而欧洲却没有对应的造车新势力？和其他地区国家相比，更加重视环保、更早制定燃油车禁售时间、汽车产业链还非常发达的欧洲，为什么就没有新造车企业崛起？

难道是他们看不到这个机会吗？

当然不是。他们也有相关车企的创业公司，比如荷兰 Lightyear，英国的 Arrival，德国电动汽车 e.GO、Sono Motors。Arrival、Sono Motors 还在纳斯达克上市了。但这些公司，无一例外都生存艰难。2023 年，这些企业更是倒闭的倒闭，裁员的裁员。难以看到什么未来。

为什么欧洲没有造车新势力崛起？网络上有人总结了三条：资金、产业政策、战略选择。

首先是资金。欧洲的造车新势力融资额度普遍在 10 亿美元以内。相比中美造车新势力动辄几十、上百亿美元级别的融资规模，差距很大。

再者欧洲的电动车扶持政策对初创公司也非常不友好。说白了就是初创公司想从政府手里拿到钱，比登天还难。

而且这些初创公司战略上走的都是偏门的路，比如太阳能汽车、电动老头乐、电动卡车之类，很难切进汽车主流市场。

还有人认为，欧洲汽车产业链被传统车企控制，新创车企难以获得产业资源。

上面的判断、分析看上去都有事实支持，却不是真正的原因。

横向对比不难发现，中美成功崛起的造车新势力，以特斯拉和蔚小理为代表，这些公司的创始人无一例外都有互联网背景。马斯克干过 PayPal、李斌干过易车、何小鹏干过 UC、李想干过汽车之家。要知道想抓住新能源车机会的创业者有很多，而且各种背景的都有。但事实上只有具有互联网背景的这些人所创立的公司最后都成功了。

欧洲所有的造车新势力都没有互联网背景。他们的创始人有的是大学教授，有的是学生，有的是政府官员。反正找不到一两个有互联网背景的创始人。

中国的造车新势力没有互联网背景的，如宝能、恒大、威马、汉腾等，尽管钱也没少烧，几十亿、上百亿的钱烧到最后，也只能遗憾退场。

结合这些正反面的例子，我们更应该相信，新能源车企能够成功崛起，关键是要有互联网基因。

要成功开发一款新能源车，需要的关键技术很多。比如电池技术、电控技术、电机技术、生产能力等。

动力电池很重要，但任何一家车企都可以在市场上买到。电机、电控这些技术也很重要，但也不稀缺。相关行业的技术成熟，行业人才丰富。无论是中国、美国、日本还是欧洲，以上能力都可以通过整合社会资源获得。

汽车生产，传统车企事实上更有优势。因此，新势力如果仅仅凭借电池、电机、电控技术、生产方式的创新，从战略态势上看，根本撼动不了传统车企的市场格局。传统车企凭借资金、品牌、销售网络、规模优势可以轻易碾压仅仅在这几方面用力的新创企业。

事实上，上汽、长城、吉利、红旗、奔驰、宝马、大众、丰田等都推出了它们的电动车。它们的续航里程、百公里加速等各项性能指标也不差。

那这些传统车企真正难以搞定的是什么？是车云、智能驾驶、互联网娱乐等建立在互联网技术上的东西。

以上方面是造车新势力才具有的长期资源优势。拥有懂互联网的创业者才是中美造车新势力崛起的关键因素。欧洲造车新势力也正是因为缺乏互联网基因走上末路，最后全面崩溃。

3. 长处和短处要看行业要求

尺有所短，寸有所长。短还是长，要看具体的应用场景。

审视资源禀赋，确定资源长板和短板，要依据行业要求。打篮球，姚明的身高是优势；打乒乓球，姚明的身高就是弱点。海归背景做低端服务业，是弱点；创业做英语培训或留学中介，就是优势。

宝洁是世界上著名的消费品公司，成立于1837年，总部位于美国俄亥俄州辛辛那提市。宝洁众所周知的品牌包括飘柔、海飞丝、护舒宝、洁而亮、多芬、欧舒丹、潘婷、舒肤佳、汰渍、洁厕灵、洁丽雅、旁氏、美宝莲和宝琳等。宝洁公司在销售、消费者研究、品牌营销等方面有着深厚的积累。

有宝洁工作背景的创业者在消费品行业取得了显著的成功。完美日记创始人黄锦峰、HPF 创始人吕博、个护品牌植观的创始人唐亮、电子烟悦刻的创始人汪莹等著名消费品创业者都曾经在宝洁工作过。广州优识 CEO 孔雷拥有 10 年宝洁经验，他曾说"许多品牌公司都是宝洁基因的受益者"。

可是，如果看互联网领域、IT 领域，就会发现宝洁系创业者很少见。原因当然也不难理解。创业成功一个消费品品牌，创业者关键得懂品牌营销，懂消费者。在宝洁能够学到丰富的消费者分析、品牌营销、渠道管理等相关的技能。宝洁背景显然能够赋予消费品领域创业者优势资源。而互联网领域、IT 领域创业成功的项目，多数属于技术驱动公司。创业者需要的关键能力是精通互联网技术、软件技术。

不要让姚明打乒乓球。在创业过程中，要明确自身的优势和劣势，理性评估自己的资源和条件，选择适合自己的领域和发展方向。只有这样，创业者才能真正发挥自己的潜力，实现自己的价值。

3.6 创业开局常见的问题

创业开局不利，常常是机会或资源两方面的原因。创业机会是市场需要新企业的机会。创业机会没有找好，创业公司就会面临缺乏市场需求的困境，或者还没有成长起来，就跌入红海，被激烈的市场竞争扼杀。

1. 创业机会的常见问题

常见的第一类机会问题：机会不真实，是创业者个人愿望臆想出来的。作者见过一个项目，创业者想要为年轻人搞一个年轻人喜欢的商城。他认为，现在的电商平台都不是专门为年轻人设计的。所以，应该有一个专门为年轻人服务的电商平台。他真的为了去抓这个"创业机会"，努力了两年多。到处找投资人，甚至开直播，宣讲自己的发现。最后，当然是痛苦地宣布做不下去了。要知道，现在的淘宝、京东、抖音电商等早就是千人千面，覆盖了年轻人的需要。"专门为年轻人服务"仅仅是这位创业者用概念堆砌出来的空白，并不是真正的市场空白。

不仅单个创业者会陷入这样的困局，有时候，一群人都会同时陷入臆想的机会困局。虚拟穿戴这个概念很早就有。在 2010 年左右，VR/AR 技术出现后，就有一批创业者想通过 VR/AR 技术抓这个机会，纷纷成立团队，去开发这样的产品。可惜，最后所有的人都发现，虚拟穿戴是一个伪需求。消费者并不喜欢也不需要这样的应用。所以，这类项目全部以失败告终。

常见的第二类机会问题：机会还未痛点化，就贸然扩张。这类现象在企业软件类项目中特别常见。无论是单机软件时代，还是 SaaS 时代，总有这类项目创业者，在没有明确的目标用户，更没有锁定用户痛点的情况下，就着手开发一个通用的系统软件。结果掉入了做一个大而全的软件的陷阱中。期待投入大量的人力、财力开发出完美产品。等到产品好不容易开发完，上市后，用户叫好不叫座。销售远远达不到预期。广告推广做了，明星代言也搞了，市场就是不买单。雷军承认，当年金山开发盘古软件的时候，就犯了这样的错误。盘古软件的开发思路犯了闭门造车的错误，脱离了用户需求。团队自认为搞得产品很先进，但差点儿让金山公司倒闭。

常见的第三类机会问题：错过了机会窗口期。自从雷军 2001 年宣布小米要造车之后，小米的股价开始持续下跌。原因是资本市场不看好小米造车。到了 2022 年，新能源车市场渗透率已经达到 28%，开始进入残酷的淘汰赛阶段。而小米汽车最早也要到 2024 年才能上市。也就是说，小米已经错过了新能源车创业的窗口期。已经进入淘汰赛的行业，很难再找到市场空白点。业内企业都不得不在每一个细分市场上卷价格，卷性能。一个新产品，刚进入市场就要和已经迭代过几轮，并且取得用户认可的产品竞争，要成功，难度太大了。

2. 创业资源的常见问题

除了机会，资源方面的问题也会导致创业项目开局不利。

常见的第一类资源问题：缺乏关键资源。欧洲的造车新势力全面崩溃，原因就是它们普遍缺乏互联网基因。国内一些 IT 创业项目失败的重要原因，就是创业者自己不懂编程，缺乏 IT 专业技能。即便重金请来了软件类人才，一般来说，创业结果还是不好。原因也很简单，对于 IT 类项目，最大的决策就是技术路线决策。创业者自己的专业能力不够，就做不好这类决策。技术路线决策失误导致产品性能有问题，公司就难以成功。

常见的第二类资源问题：创业者没有深入一线，没有真正入行。有些项目，机会与资源都不错。但是创业者只喜欢待在办公室里看数据，听汇报。有创业者就跟作者分享过他的认知改变经历。他开始的时候，认为他自己最大的优势是善于做数据分析，于是养成了在办公室里面看数据，收集数据，通过琢磨数据判断用户需求、做决策的习惯。有一天，他突然发现这样不行，思路越来越窄。产品不停地改来改去，可是用户数据总也起不来。他感觉自己的工作模式有问题，可不清楚哪有问题。找外部高手交流后，发现问题在于他很少自己接触用户。没有接触用户，光研究数据，做不到真正了解用户。不了解用户，更没有办法和用户建立同理心，不能切换到用户视角看问题。没有用户视角，数据就没有了灵魂，无法洞察数据背后用户的真实需求。这种状态下，他做决策，表面上有数据支持，实际上都是盲目的。

常见的第三类资源问题：整合资源能力差。创业要有关键资源，也要从环境中获得足够的一般资源。创业者不能通过整合资源弥补公司资源上的缺陷，公司业务不能顺利启动。从科研岗位出来创业的创业者这类问题普遍存在。他们的专业技能很强，但是他们商业资源缺乏。尤其是销售方面资源缺乏。虽然社会上有很多闲置的生产厂房、多余的产能、急于找好产品的渠道、有管理经验的人才，但这类创业者不善于从环境中整合吸收这些资源。外部环境是企业的资源库，创业者吸收、整合能力不足，就会导致项目缺陷明显，公司发展缓慢。

常见的第四类资源问题：分散使用资源。创业公司资源少，人才少，要做好产品、做好市场，必须把资源集中使用。不能求全，而要求专。但很多创业者可能是出于朴素的不能错过一切"机会"的想法，有需求就想去抓，搞得资源分散。什么都做，什么都没有做好。

以上两大类、七个小类是创业开局常见的问题。创业从发现机会开始，资源是创业的基础。投资人通过对创业机会和资源禀赋的分析，可以了解项目的潜力和成功概率。创业公司的经营思路、团队组合可以调整改变，但是创业机会和资源禀赋很难改变，即便理论上也可以改变，但是改变的代价太大，经济上不值得。所以，投资人在发现看错机会、选错项目时，要及时止损。创业经验丰富的创业者也同样如此。发现创业机会不成立，或者资源不足时，也要调整转行。张一鸣退出九九房，转而创办字节跳动就是如此。

第4章　制作赛道地图

在智能手机时代之前，年轻人离开家门出去闯，来到一个陌生的城市，出了火车站、长途汽车站，第一件事情就是买一张城市地图。拿到地图，年轻人会立刻在地图上寻找他要去的目标，规划自己的乘车路线。城市地图是年轻人在这个城市生活的开始。

4.1　得地图者得先机

我们先来看看字节跳动的赛道地图。

2022 年 3 月，字节跳动联合创始人梁汝波在公司 10 周年年会上做演讲。演讲中，他分享了一张最后修改日期为 2012 年 6 月 29 日的一张图，如图 4-1 所示。

梁汝波说这张图就是字节跳动在创业初期做的公司产品设想图。图是张一鸣与创始团体根据当时互联网产品的状况制作的赛道地图。完成这张图后的十年，字节跳动公司就依据图中展示的市场机会点，以数据驱动为基础，搞出了今日头条、内涵段子、抖音等开创性的 App 产品。

回头来看，2012 年前后，移动互联网时代催生了大量的创业机会。张一鸣等敏锐捕捉到了这样的机会。并且，他通过深度思考制作了这张赛道地图，完整呈现了多个赛道机会，也标出了多个竞争红海。正是在这张赛道地图的指导下，创业团队趋利避害，聚焦机会点，做出了一系列开创性的产品，让字节跳动公司快速成长为世界级超级独角兽企业。

产品首页

由 梁汝波创建，最终由 张一鸣修改于六月29，2012

产品目标：

用简单一致的方式帮助用户发现和分享感兴趣、有价值的信息。今年我们只专注实现有时效性的短信息。（1.0+状态，0.1+状态）

维度					
体裁	图片	**文章**	**段子**	视频	**商品**
主题	娱乐	**学习**	新闻	**生活**	**文化**
信息特点	短	**快**	**优质**		
阅读方式	分类	关注	**推荐**	搜索	
获取方式	sns	Web	用户PIN	编辑	
用户动作	顶踩	收藏（到board）	分享	关注	评论
平台	Web	**手机**	pad	**sns插件**	

图 4-1　2012 年张一鸣的赛道地图

（来自字节跳动 CEO 梁汝波：使命是我们前进的动力 | 10 周年演讲全文）

1. 赛道地图虽好但难用

风险投资公司也常常通过制作赛道地图挖掘优秀项目。风险投资公司有两项基本工作：一是找风口，也就是找投资方向；二是找这个投资方向下最有潜力的项目。找风口，确定投资方向后，就会募资成立策略明确的基金。基金募集完成后，投资团队的主要工作就是找到最有潜力的投资项目。投资团队会利用各种资源调查市场，收集数据，把投资方向（也就是风口）的各种商业形态做系统总结，形成赛道地图。借助赛道地图这样的工具锁定有潜力的项目。

不过，赛道地图没有通用的制作办法。一般制作者制作赛道地图时，首先，根据对行业特点的个人理解，提炼出五花八门的维度；然后，用这些维度去制作地图。搞出来的赛道地图往往只有地图制作者能够看懂。同一行业的人制作的赛道地图由于维度不同，都没有比较意义。不同行业的人更是难以学习模仿。比如，张一鸣的赛道地图虽然有字节跳动做背书，一样无法帮助其他领域的创业者。所以，张一鸣的赛道地图也没有流行起来。

2. 世界地图制作历史的启发

能否建立通用的维度，方便各行各业制作通用的赛道地图？或许早期世界地图的制作历史能够带来启发。

公元前 344 年，亚历山大渡海南侵，继而东征，随军地理学家尼尔库斯沿途搜索资料，准备绘制一幅"世界地图"。他发现沿着亚历山大东征的路线，由西向东，无论季节变换与日照长短都很相仿。于是他做出了一个重要贡献——第一次在地球上画出了一条纬线，这条线从直布罗陀海峡起，沿着托鲁斯和喜马拉雅山脉一直到太平洋。

后来，长期担任古埃及亚历山大城图书馆馆长的埃拉托斯（公元前 276—公元前 194 或 195 年）测算出地球的圆周是 46 250 千米（现代测绘地球赤道周长为 40 076 千米），画了一张有 7 条经线和 6 条纬线的世界地图。

公元 120 年，托勒密综合前人的研究成果，认为绘制地图应根据已知纬度的定点做根据，提出地图上绘制经纬度线网的概念。为此，托勒密测量了地中海一带重要城市和据点的经纬度，编写了 8 卷地理学著作。其中包括 8000 个地方的经纬度。为使地球上的经纬线能在平面上描绘出来，他设法将经纬线绘成简单的扇形，从而绘制出著名的"托勒密地图"，如图 4-2 所示。

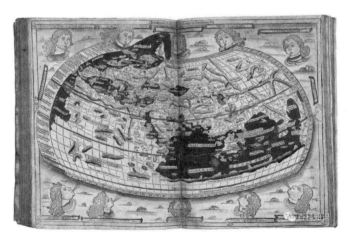

图 4-2 托勒密地图

经纬度的出现帮助人们建立了统一的地理坐标系统。以前，不同国家和地区的地图可能使用不同的投影方法和平面坐标系统。引入经纬度后，全球范围内通用的坐标系统得以建立，这使得不同国家和地区之间的交流和合作更加方便和准确。借鉴经纬度对地理地图的作用，按照标准的商业维度建立的赛道地图或许能在商业世界通用。

4.2　立业三角锥模型

像张一鸣一样，有赛道地图在手的创业者窥见天机，创业有先天优势。可是，赛道地图这么强大的工具，在现实中，只有极少数优秀创业者和顶级投资机构在使用。阻碍这一工具广泛应用的原因，在于没有通用的赛道地图维度。提出有意义的地图维度，事实上门槛极高。

1. 从本质上认识企业

要建立一个如经度、纬度、海拔这样的通用体系，意味着应用这个体系，既能够描绘街边卖烧饼的早餐店，也可以描绘规模庞大的苹果手机业务。地图的维度不分行业性质、企业规模大小、地理位置，只要是企业都可以标识。显然，要达到这样的效果，只能从企业的本质去提炼。也就是需要从企业存在的底层逻辑中提取。

认识企业的本质是什么，也就要回答两个底层问题：企业是什么？企业因何而存在？

对于上述底层问题，"现代管理学之父"彼得·德鲁克阐释得很清晰：

"企业不是为它们自身而存在的，而是为实现特定的社会目标而存在的。"

"企业存在的合理性的评判标准不是企业自身利益，而是社会利益。"

这两段话讲清楚了企业的存在是要创造社会价值。德鲁克还说，企业之所以会存在，就是为了要向顾客提供满意的商品和服务，而不是为了给员工和管理者提供工作机会，甚至也不是为了给股东赚取利益和发放股息。也就是说，企业以提供产品和服务的形式为社会创造价值。这里的社会，就特定的企业而言，就是它们的顾客（用户）。

不过德鲁克没有讲全。企业不能赢利，是活不下去的。企业和非营利性组织不同，企业为社会、为顾客创造价值，也有获得盈利的目的。企业赢利是企业经营的目的，也是企业生存和发展的重要保障。仅强调了企业存在是提供产品和服务，满足客户需要，实现社会价值，还不够。企业要实现盈利，也是本质之一。

综合起来，企业就是以产品和服务满足用户需要（也就是实现了社会价值），以获得利润的经济组织。

2. 构建立业三角锥模型

如果用图来表达企业的本质，就可以得到下面这个企业立业三角锥模型，如图 4-3 所示。

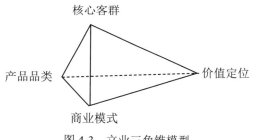

图 4-3　立业三角锥模型

（1）价值定位：要去解决或满足的用户问题。被需要才有价值，社会价值、用户价值就是社会、用户还没有解决的问题。企业的价值定位不是企业自身能做什么，而是社会需要什么。

（2）核心客群：需求最强，会为了此产品或服务的价值买单的用户群。

（3）产品品类：企业价值的载体。企业以产品或服务满足用户需求。企业创造的价值凝聚在产品或服务上。

（4）商业模式：企业价值创造、传递与增值的循环方式。

立业三角锥模型的四个维度，价值定位、核心客群、产品品类、商业模式，是由企业存在的底层逻辑延展出来的，是一切企业都有的四大基本维度。对于任何领域的企业，这四个维度都缺一不可。

卖烧饼的摊点的价值定位是解决人们的早餐问题，核心客群是周边的上班族，产品形态是现场烙的烧饼。而商业模式是现场制作，现场交易。中国移动的价值定位是解决社会移动通信问题，核心客群是所有成年人，产品品类是通信网络服务。而商业模式是建立移动网络，按月收取通信费用。多业务集团公司虽然整体上无法用立业三角锥模型去描述，但拆开到每一个业务单元，还可以用立业三角锥模型的维度去描述。

3. 立业三角锥模型维度之间的关系

立业三角锥模型是从企业存在的底层逻辑提炼出来的基础模型。深入理解立业三角锥模型的各个维度的内涵，也能加深对创业、对经营的本质及运行规律的认识。

价值定位是业务的理念层面、认知层面的概念。认知源于物质，又高于物质。在创业战略制定阶段，价值定位和核心客群、产品品类、商业模式交互作用。其他三大维度的选择或设计要体现价值定位。同时，确定价值定位不能脱离其他三大维度的实际条件。没有三大维度支持的价值定位不能落实，也就没有了商业意义。火星旅行是一个空白的价值定位，但人类现有技术能力还做不出对应的产品。所以，火星旅行这样的价值定位目前是没有商业意义的。这个世界上因此也不存在一个现实的、主打火星旅游的公司。

核心客群、产品品类、商业模式围绕着价值定位迭代深化，价值定位也应跟着相应变化。为了企业稳定发展，价值定位要保持稳定性。

4.3 企业的价值由用户决定

价值定位是一个抽象概念，为方便准确应用，还需要进一步拆解。也就是说需要建立衡量价值定位的二级维度。

下面是价值定位构成模型，如图 4-4 所示。

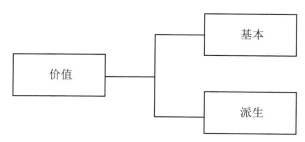

图 4-4 价值定位构成模型

用户痛点产生需求，需求产生企业价值。按照经济学的观点，企业的价值由用户支付的货币来衡量。用户有需求，才会购买。因此，企业的价值由用户的需求驱动。进一步分解价值定位的子维度，可以从用户的需求类型入手。

需求的分类方式有很多种，比如著名的马斯洛需求层次理论。该理论把人的需求分成了生理需求、安全需求、归属需求、尊重需求、自我实现需求五个层次。不过，在制作赛道地图、分析赛道上各种企业形态时，并不需要把维度分得过多。作者推荐，需求类型可以采用基本需求和派生需求的分类模型。这样对应的价值定位就可以分成基本价值和派生价值两个维度。做赛道地图，模糊的正确远胜于精确的错误。大多数情况下，基本价值与派生价值就足以概括赛道中的有市场意义的各种价值定位创新。

1. 基本价值

直接从用户或客户需求中推导出的需求，通常是最核心、最重要的需求，如解渴、充饥、联络、加油、购物、提神等。一款智能手机的基本价值可能是能够拨打和接听电话、发送短信以及浏览互联网。基本价值通常是客户购买产品或服务的主要原因，它们是满足最基本需求的关键功能。

2. 派生价值

从基本需求衍生出的次要需求，通常是为了支持基本需求而存在的附加要求。它们是为了增强用户体验、满足特定需求或提供额外价值而存在的功能或特性。在手机的基本价值基础上，派生价值可能包括更大的存储容量、更高的摄像头像素和更长的电池续航时间。这些附加要求可以提升用户的手机体验，但不是购买手机的主要原因。

3. 基本价值与派生价值

消费品行业在品类兴起的阶段，基本价值又一次占领用户心智的机会。1995 年功能饮料开始进入中国市场。其广告"困了累了喝红牛"简单明了地指明功能饮料的基本价值。凭借这条广告，红牛打开了中国市场，并影响了亿万人。可是，2013 年，红牛主动放弃了坚持了 8 年的"困了累了喝红牛"，改成了用户难以理解的价值定位的点，"你的能量超乎你想象"。结果被竞争对手"东鹏特饮"捡了个大便宜，变成了"累了困了喝东鹏特饮"，东鹏特饮成长为 80 多亿元规模的上市公司。

在应用基本价值和派生价值分类中，比较难把握的是心理需求和社会需求。心理需求和社会需求多数情况下属于派生价值。在一些竞争激烈、基本功能日趋同质化的消费品行业，聪明的企业通过挖掘消费者心理需求和社会需求找到差异点，通过高超的品牌营销手段成功脱颖而出。

　　贵州茅台市值超过 2 万亿元，净利润超过 600 亿元。茅台酒无疑是好酒，产品制作工艺几十年前就已经成熟。但茅台集团真正能够发展成为中国白酒行业无可争议的龙头企业，关键原因并非酒的品质。茅台酒的品质当然是上乘的，但是中国有几千年的酒文化，传承下来的好酒可不止茅台一家。看贵州茅台的发展历史，2001 年上市成功并开始死磕国酒商标，才是决定性的举措。1998 年，茅台一度发不出工资。上市成功让贵州茅台融到了 20 亿元资金。应用这笔资金，茅台完成了技改，为日后的规模发展打下了资金、技术、生产能力的基础。更重要的是，从 2001 年到 2019 年，茅台集团死磕"国酒"商标注册。虽然"国酒茅台"的商标从未注册成功，但长达 18 年的商标申请之路彰显其"在先权利"，使该商标一直处于"权利待定"的状态。茅台公司借此在正式确立期间一直光明正大地宣传使用，最后成功在人们的心目中树立了"国酒"的品牌认知。

　　一旦有了"国酒"的品牌认知，就在消费者心目中建立了品质第一的概念，也让茅台酒成为关系社交的名片。在各种商业招待中，茅台酒成为表达尊重、表现实力的凭证。这就让茅台酒拥有了独一无二的社会价值。茅台酒的社会价值是酒的派生价值中最高级、最有价值的部分。

钻石巨头戴比尔斯在1947年推出的广告"A Diamond is Forever"（中文"钻石恒久远，一颗永流传"），被誉为20世纪最成功的广告词。成功把钻石和永恒的爱情这个心理需求、社会性愿望联系在一起，让全世界的女人结婚时都想戴上珍贵、稀有的钻石戒指。戴比尔斯也成长为世界最大的钻石公司，戴比尔斯公司最鼎盛时期掌握全球90%以上钻石出产量。

在戴比尔斯的案例中，经典广告词可以挖掘用户的心理需求、社会需求，但是要知道，整个首饰行业都是基于人类社会需求产生的行业。人的基础生理需求没有对戒指或其他饰品的。钻戒的价值就是象征性。因此，在那类行业，基本价值就是心理价值、社会价值。同样是钻石，在极度讲究实用价值的工业领域，戴比尔斯的广告词就没有任何作用。

4.4 核心客群是最需要价值的用户群

企业有客户才能生存。创业开始总是资源少，产品不完美，体系也不健全。这种时候，能否找到一群愿意购买不完美产品的用户，对创业项目来说，生死攸关。要更好地确定核心客群，需要进一步细分的维度。

1. 核心客群细分模型

核心客群是目标用户中的一部分。这部分客群有如下几个特点。

（1）痛点最痛，最需要公司创造的价值。

（2）企业还能够有效触达。能有效触达，才能把公司的产品或服务传递给他们。

（3）能容忍产品或服务的不完美。

（4）产品没有竞争对手。

核心客群就是这样的用户。他们因为痛点很痛，只要发现能够基本解决问题的产品，就愿意购买使用。创业公司资金少，花不起大量的资金去培育市场，唯有找到核心客群，才有机会低成本营销。

创业公司发展为成熟公司，用户也会不再局限于核心客群。这时核心客群往往已经变成了成熟公司的"铁粉"，是公司核心利益之所在。在开拓新市场、争取进入新客户群的时候，如何维护核心客群的利益，是成熟公司继续发展时需要解答的一道题。

确定核心客群，做市场细分，通常有四种维度：地理特征、人口统计学特征、行为特征、心理特征，如图 4-5 所示。

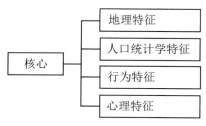

图 4-5　核心客户群细分模型

地理特征：根据地理位置将用户细分为不同地区、城市、国家甚至是区域。这种细分考虑到了不同地理区域的文化、气候、经济状况等因素对消费者需求的影响。

人口统计学特征：包括年龄、性别、家庭结构、教育水平、职业、收入等因素。这些特征可以帮助企业更好地理解不同消费者群体的需求和购买行为。

行为特征：包括消费者的购买习惯、品牌忠诚度、购买频率、产品使用习惯、信息获取渠道、社交互动等。不同行为特征的消费者能通过互联网聚集为不同的网络社群。

心理特征：涵盖了消费者的兴趣、价值观、情感需求、购买动机、生活方式等。在时尚服装等消费领域，心理特征带来的市场机会不容忽视。

2. 应用四个子维度找核心客群

1998 年，娃哈哈公司决定从国外引进最先进流水线，推出非常可乐。当时决策层考虑的最大的问题是如果可口可乐公司应战，非常可乐有可能血本无归。如果可口可乐公司搞价格战或要求渠道"二选一"，娃哈哈根本无力招架。为此，娃哈哈在非常可乐这个业务上，选择了一条"农村包围城市"的战略。非常可乐没有将其公司的资源放在和可口可乐公司争夺城市的市场份额上，而是以扩大整个可乐市场宽度为目的，在此过程中填补市场空白以获取可以接受的市场份额。也就是非常可乐市场定位农村市场，避开可口可乐的城市市场，没有去触动可口可乐的基本销售网络。娃哈哈通过城市与农村这样的地理特征细分可乐市场，找到空白市场。选择了正确的市场，不用和可口可乐公司硬碰硬，娃哈哈成功地让非常可乐成长为成功的碳酸饮料品牌。巅峰时期，非常可乐为娃哈哈贡献过超 20 亿元的年营收。

拼多多 2015 年成立，只用了 2 年时间做到 2 亿付费用户。在巨头竞争的电商平台行业，拼多多是如何成功脱颖而出的？其成功的秘诀是什么？很多人认为是低价，是卖山寨货。其实，低价是拼多多的一个特点，但不是拼多多能够崛起的创新点。在 2017 年的一次演讲中，黄峥本人讲了他发现的机会：

"社交媒体的商业化是很差的，40% ~ 50% 的人的眼球转化出来的交易量可能只占到整个社会零售总额的 8%，跟目的性购物的收缩式电商相比，这是巨大的不匹配。在这样市场容量巨大且移动支付爆发的时候，我们用一个模式把这个东西给激发了。兼有阿里和腾讯思维是我们成功的关键。"

这句话很多人都听过，但是没有理解其中的商业道理。用创业战略理论的体系解释就是，拼多多的成功在于其发现了微信时代用户购买行为特征方面没有被满足的巨大机会，然后创新一个模式，满足了这个空白市场。

具体来说，拼多多借助微信设计了砍价拼货模式，满足了 20 岁到 40 岁、时间充裕、追求性价比、对价格敏感的女性核心客户群的购物行为特征的需要，轻松地获取了阿里和京东不曾获取的用户群。

在用户购买行为的研究上，拼多多持续迭代。黄峥在接受《财经》采访时说："除了满足人们的基础物质需求，我们还做了大量产品设计、运营来满足人们不同精神层面的消费需求，比如冲动消费、理性消费、发泄性消费。这也是为什么在面对同质化竞争时，拼多多依然能吸引消费者不断回来。"

即便拼多多成功上市，黄峥依然把满足用户购物行为特征的需求作为公司创新的方向。在 2018 年上市发布会上的致辞，黄峥对未来的拼多多有这样一句定义："未来拼多多将成为一个网络虚拟空间和现实世界融合的新空间。用户可以用最划算的价钱买到理想的商品，更能在过程中收获快乐。在这个空间里，供给两端的链条被压缩，批量定制化大规模实现，社会资源的无谓损耗持续降低。如果以传统企业类比，这个空间应该是'Costco+迪士尼'的结合体，它不光提供超高的性价比，更将娱乐性融入每个环节。"

娃哈哈非常可乐定位在可口可乐触达不了的农村市场；拼多多发现了特别有时间、有爱砍价的行为特征的用户群。娃哈哈、拼多多都是在一个看似没有机会的行业中通过地理位置维度、行为特征维度找到了空白点，找到了创业机会。

不仅仅是地理位置维度、行为特征，通过人口统计学特征、心理特征找到独特的核心客群，在核心客群上找到机会、获得成功创业项目的也不少。

地理位置、人口统计学特征、行为特征、心理特征是核心客群维度分类的四个维度。在制作某一具体领域赛道地图时，可以灵活选取其中一两个维度，归纳赛道内的各种做法。

4.5 产品是技术与价值定位结合的产物

走进任何一个商城，满眼都是各式各样的商品。这么丰富的产品，这么多产品类型，是怎么构成的？

1. 产品品类构成模型

思考这一课题，还得从产品的本质出发。产品是有形资产和无形认知结合的产物。企业制造产品，需要原材料、设备、厂房、生产线这些有形资产，也需要技术、价值定位这两种无形的资产。有形的资产都可以用钱买来。能够买来的东西构不成企业的独特性。企业的技术、价值定位这两种无形资产才决定产品的独特性，或者差异化。

因此，调查研究产品品类，关键是确定价值定位和技术这两个角度下的产品形态。价值定位决定产品功能设计。产品功能设计决定产品形态。从价值定位角度看产品，体现出来的维度就是产品形态。产品形态是为满足用户需求、针对用户使用场景特点开发设计而成的，如图 4-6 所示。

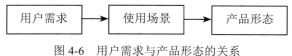

图 4-6　用户需求与产品形态的关系

从技术角度看产品，重点是看实现产品关键功能的技术方式。不同的技术方式做出来的产品在性能和成本上有重大差异。这些差异是构成产品竞争力的基础。

综合这两个角度，产品品类可以从产品形态和技术类型两个维度进一步测量，如图 4-7 所示。

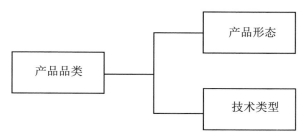

图 4-7　产品品类构成模型

产品形态：产品对用户的呈现方式。例如，咖啡呈现给用户的产品形态可以是杯咖啡、胶囊咖啡、挂耳咖啡、瓶装咖啡等。乘用车呈现给用户的产品形态可以是微型车、轿车、跑车、SUV、MPV、越野车等。

技术类型：形成产品关键性能的技术方式。例如，新茶饮产品技术类型分为水果茶、冷萃茶、花果拼配茶、奶盖茶等。新能源车的技术类型有纯电、混动、增程式的等。技术类型赋予产品在满足同样用户需求时具有性能差异。电烤箱烤的牛排和炭烤牛排虽然形态一样，但口味差异明显。

2. 产品形态的作用

不同的产品形态往往对应不同的核心客群，以至于成为细分行业。例如酒店业。

（1）商务型酒店。此类酒店主要以商务旅行者为目标客户，通常位于城市中心的商业区或中央商务区。其设施齐全，包括先进的通信设施、办公设备、宽带上网、卫星电视、小餐厅、宴会厅、会议室、商务中心等。代表性酒店品牌有香格里拉酒店、希尔顿酒店、万豪酒店等。

（2）长住型酒店。也称为公寓型酒店（apartment hotels），主要接待住宿时间较长，在当地短期工作或来度假的宾客或家庭。其客房多采用家庭式布局，以套房为主，房间大者可供一个家庭使用，小者可供一人使用。ASCOTT 雅诗阁、辉盛国际、万豪行政公寓等。

（3）度假型酒店。此类酒店通常位于旅游风景胜地，主要接待休闲度假的旅客。其设施包括住宿、餐饮、娱乐等。代表有文华东方酒店、悦榕庄酒店、四季酒店等。

（4）精品酒店。一种小型豪华酒店，通常具有独特的设计和个性化的服务。这些酒店通常规模较小，客房数量较少，内部装修非常豪华或具有特色。精品酒店通常面向高收入、高品位的客户群体，提供非常专业的服务，如管家式服务、定制服务等，如维也纳、开元等。

（5）经济型酒店。此类酒店通常位于城市商业区、主要街道沿线，其主要客户是对消费价格有限度的商务旅行者或休闲旅行者。其设施包括住宿（包括早餐）等基本服务。代表性的有如家酒店、7 天酒店、汉庭酒店等。

（6）汽车酒店。此类酒店通常位于城市交通便利、高速公路旁，其主要客户是驾车旅行者。其设施包括住宿、餐饮、汽车维护等。如德国 V8 酒店、美国 Econo Lodge 等。

一种新类型的酒店业态出现时，往往也伴随着一批创业酒店品牌崛起。中国在 2000 年左右，经济型酒店开始快速发展。如家、七天、汉庭、城市快捷纷纷抓住机会，创业成功。

不仅酒店业，其他行业新品类的出现都会产生一批新公司。计算机本来是科研机构和大型企业的生产力工具，价格昂贵，体积庞大。后来，以苹果公司为代表的一批创业公司利用日益进步的半导体及软件技术搞出了个人电脑（PC）这个新品类，并由此诞生了一个新时代。

3. 技术类型的作用

发明一个新技术，改善产品的性能，也是技术创业者常见的成功模式。戴森发现传统集尘袋式气旋吸尘器的缺陷。集尘袋使用后，会被灰尘堵塞孔隙，导致吸尘器的吸尘性能大为下降。1979 年，失业的戴森在妻子的支持下，决定发明一种技术，解决这一问题。在耗费 5 年的时间，经历了 5126 次失败后，戴森终于成功发明了"气旋分离技术"。1985 年，日本一家名叫 Apex 的公司和戴森合作，应用戴森发明的新技术推出命名为 G-Force 的新吸尘器。这个新吸尘器不仅应用了"气旋分离技术"，还针对日本居住的房屋空间相对较小的特点，特意设计了直接站立式产品形态。G-Force推出后，大受日本富裕家庭的追捧。戴森赚到钱之后，1991年在英国成立了自己的公司——戴森电器有限公司（Dyson Appliances Ltd）。2022年戴森已经是全球市场份额最高的吸尘器制造商。

产品形态与技术类型是产品品类维度进一步细分的两个子维度。一般情况下，产品品类维度分类到这个层次，就已经能够清晰地把该赛道上的产品类型归纳清楚。在一些特别大，或者特别碎片的行业中，则有可能要把产品形态、技术类型进一步分解，从更多的维度认识行业的产品品类。

重大的技术类型创新，或者产品形态创新，能够形成新的产品品类。例如，电车、电动牙刷、无人飞机、盲盒等。品类创新项目是投资人喜欢投资的对象，因为经营品类创新项目使公司成长为大公司的概率比较大。

4.6　商业模式是价值闭环

企业既要为用户提供满足需求的产品和服务，也要给股东带来回报。要给股东带来回报，企业就需要赢利。企业要赢利就需要形成价值闭环，也就是需要实现商业闭环。不能实现商业闭环的企业，迟早会被市场淘汰。

1. 商业模式构成模型

商业模式是描述企业如何实现盈利，商业价值如何闭环的概念。亚历山大·奥斯特瓦尔德（Alexander Osterwalder）和伊夫·皮尼厄（Yves Pigneur）在其著作《商业模式画布》一书中，将商业模式细分为九个模块:客户价值主张、客户细分、渠道、客户关系、收入流、关键资源、关键合作伙伴、关键活动和成本结构。但是，这套商业模式体系过于细致，过多关注企业商业模式运作细节，反而影响了对商业模式关键差异的把握。战略制定遵循模糊的正确，对商业模式的测量需要一套更加简洁，也更加接近本质的体系。

企业实现盈利，换成股东角度讲，就是形成了从投入资金到回收利润的商业闭环。实现了商业闭环，企业就可以滚动发展。因此，商业模式必须能够构成一个价值闭环。从公司股东投入资金，资金变成原材料、设备、零部件，经过工人制造组装，变成成品，再通过物流、销售等环节，与用户进行价值交换，形成收入，变成公司资金。然后，扣除成本费用后，形成利润。企业有了税后利润，就可以通过分红变回股东手里的资金。资金从股东手上，经过一系列动态变化，又回到了股东手上，构成一个闭环。

这个闭环可以分成三个环节:价值创造、价值传递、价值变现，如图 4-8 所示。

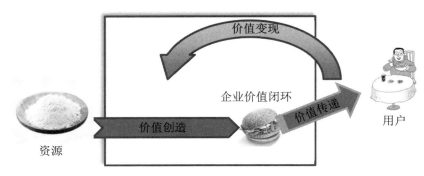

图 4-8　企业的价值闭环

商业模式是企业在价值创造、价值传递、价值变现的循环中，与利益相关者的交易方式及产品价值形成方式的总称。价值创造、传递和变现的循环过程是商业模式的核心。下面详细解释这三个关键概念。

价值创造（value creation）：是商业模式的起点。企业通过产品或服务的创新、生产、设计等活动，从资源和能力中产生价值。这个过程包括开发新的产品、提供更高效的服务、改进生产流程、提高质量等。价值创造的目标是确保企业能够提供有吸引力的产品或服务，满足市场需求。

价值传递（value delivery）：一旦价值被创造出来，企业需要将这个价值传递给最终用户或客户。这通常涉及销售、分销、市场营销、物流、客户支持等活动。价值传递的关键是确保产品或服务能够顺畅地到达客户手中，并提供所承诺的价值。这也包括建立关系，以确保客户的满意度和忠诚度。

价值变现（value capture）：是商业模式的最终目标，即如何从创造和传递的价值中获得收益。企业需要确定如何收取费用或获取收入，以覆盖成本并赢利。价值变现可以通过多种方式实现，包括直接销售、订阅模式、广告收入、许可费用等。关键是选择合适的变现策略，以确保企业在满足客户需求的同时获得可持续的盈利。

2. 商业模式维度应用

虽然商业模式要从价值创造、价值传递、价值变现三个子维度去测量，但是同一时期的同一行业，商业模式种类并不会太多。制作赛道地图时，可以不细分商业模式的子维度，直接在商业模式维度上列举就好。熟悉价值创造、价值传递、价值变现三个维度，作用是在商业模式识别或商业模式创新时，有系统工具。

以下是一些商业模式创新的著名创业案例。

（1）价值传递商业模式创新：优步（Uber）、滴滴。

——创新商业模式：O2O（线上获客，线下交付，在线支付）。

——商业模式创新要点：用 App 连接乘客和司机，通过移动应用提供便捷的叫车服务，节省了乘客和司机的等待时间。在线支付，也节约了现金交易的支付时间。

（2）价值变现商业模式创新：网飞（Netflix）。

——创新商业模式：订阅模式。

——商业模式创新要点：Netflix 的商业模式是基于订阅的，用户需要每月支付一定的费用以获得对其内容库的访问权。Netflix 通过自制原创内容吸引了大量订户，实现了快速增长。

（3）价值创造商业模式创新：Twitter、微博、抖音。

——创新商业模式：UGC（user generated content，用户生成内容）。

——商业模式创新要点：互联网平台通过技术手段将用户原创的内容呈现给感兴趣的其他用户。用户即信息内容的阅读者，也是信息内容的创造者。

捷翔冰饮成立于 2012 年。起初捷翔是一家软冰激凌自动售卖机制造企业，企业以加盟商的方式进行市场布局。不过，做自动售卖机，并且通过加盟模式发展的项目非常多。捷翔的竞争力并不突出，发展困难。2014 年团队重新调整了定位，并且对商业模式进行变革。公司将基于物联网的智能冰激凌机和智能饮料机免费租赁给大型的商业连锁机构（如影院、便利店、烘焙店、旅游景区、连锁餐饮等），并提供系统性的整体解决方案服务。通过收取原辅料和包装材料费用，捷翔公司实现了与商业连锁商家的双赢。"捷翔模式"打破了生鲜冷饮行业原来设备、材料、运营三者分离的状况。捷翔作为新茶饮基础设施服务商，提供智能化设备、深加工半成品原料、配前置仓的冷链网络，为门店提供全套傻瓜式方案，帮助新茶饮经营者解决了建立水果生鲜供应链的难点。商业模式创新的成功，让捷翔冰饮业务实现发展的同时，也受到了投资人的追捧。捷翔 2014 年、2015 年、2017 年连续三年分别获得三轮共近 2 亿元的融资。

捷翔冰饮所做的事对公司来说是业务转型，对行业来说是贡献了新商业模式。捷翔从做无人售卖机卖冰激凌这样的 to C 业务，转变为基于智能设备的供应链 to B 业务，是业务转型。用立业三角锥模型分析捷翔冰饮，其价值定位、核心客群、产品品类、商业模式都改变了。捷翔转型形成的商业模式改变了原来设备制造、原辅料供应分业经营的局面。捷翔商业模式创新的亮点是，通过免费租赁智能设备的方式占领门店，通过售卖原辅料和包装材料赚取利润。把原来供应链行业和设备制作行业要做的事情融合为一体。

4.7　赛道地图制作案例

前文从企业的本质出发发现任何企业都必然有价值定位、核心客群、产品品类、商业模式四个基本维度。

1. 赛道地图维度汇总

这四个基本维度相互关联，构成立业三角锥模型。每个维度都可以进一步细分为若干个子维度，如表 4-1 所示。

表 4-1　赛道地图测量维度汇总

维　　度	子　维　度	含　　义
价值定位	基本价值	直接从用户或客户需求中推导出的主要需求，通常是最核心、最重要的需求
	派生价值	从基本需求衍生出的次要需求，通常是为了支持基本需求而存在的附加需求。它们是为了增强用户体验、满足特定需求或提供额外价值而存在的功能或特性
核心客群	地理特征	根据地理位置将用户细分为不同地区、城市、国家甚至是区域
	人口统计学特征	这包括年龄、性别、家庭结构、教育水平、职业、收入等因素。这些特征可以帮助企业更好地理解不同消费者群体的需求和购买行为
	行为特征	这包括消费者的购买习惯、品牌忠诚度、购买频率、产品使用习惯、信息获取渠道、社交互动等
	心理特征	这涵盖了消费者的兴趣、价值观、情感需求、购买动机、生活方式等
产品品类	产品形态	产品对用户的呈现方式
	技术类型	支持产品关键性能的技术方式
商业模式	价值创造	企业通过产品或服务的创新、生产、设计等活动，从资源和能力中产生价值
	价值传递	企业将价值传递给最终用户或客户
	价值变现	是商业模式的最终目标，即如何从创造和传递的价值中获得收益

2. 赛道地图制作要点

制作某一机会下的赛道地图时，制作者可以应用表 4-1 提供的通用维度，调查目标赛道的各种企业，测量它们在各个细分维度上的点位状态，并把调查结果汇总在一张图上，如图 4-9 所示。

维度	识别出每个维度上的有效形态
价值 定位	基本价值 派生价值
核心 客群	地理位置 人口统计学 行为特征 心理特征
产品 品类	产品形态 技术方式
商业 模式	价值创造 价值传递 价值变现

图 4-9 赛道地图示意图

制作赛道地图时要注意遵循以下要点：

（1）要坚持田野调查精神，获取一手信息。

（2）尽力做到全赛道覆盖。

（3）把维度上的每个形态用简洁的词语标签化。

根据赛道地图使用目的不同，制作者还可以添加上发展状况、公司、规模等其他信息。比如，把每个点位形态的发展阶段标识出来。张一鸣在他制作的赛道地图上标识 0.1、1.0 这样的状态。这种标识有利于发现空白机会点。

也可以在每个点位上把代表性的公司标记上。这样既有助于了解行业内领先企业的战略要点，也能帮助赛道地图使用者避开强大的对手。在数据充足的时候，把核心客群的细分规模或者产品品类的规模都估算清楚。这样做的好处是，方便地图使用者在制定创业战略时，做出最有利的选择。

3. 赛道地图示例

为了方便理解，作者以咖啡行业为例制作了一份赛道地图，如图 4-10 所示。

图 4-10 是一个作者制作的咖啡赛道地图。这个赛道地图展示咖啡赛道常见的各维度点位形态。观察赛道地图，尝试把赛道地图各维度不同点位形态进行组合，会发现这些组合能形成不同的创业公司业务模式。有些组合可以找到市场真实存在的公司。比如，雀巢速溶咖啡，主打的价值定位是派生价值方便，产品品类是胶囊与咖啡粉，核心客群是商务，商业模式是商超。星巴克主打的价值定位是美味与商务社交，产品品类是杯咖啡与现磨，核心客群是商务人士和白领，商业模式是店铺。而瑞幸咖啡主打的价值定位是便宜与方便，产品品类是杯咖啡与现磨，核心客群是白领，商业模式是 O2O。

价值 定位	基本价值 派生价值	提神 品味	美味 方便	便宜 社交	
产品 品类	产品形态 技术类型	杯咖啡 现磨	挂耳 萃取液	胶囊 咖啡粉	瓶装
核心 客群	人口统计学	白领	家庭	商务	
商业 模式		电商	商超	O2O	街铺

图 4-10 咖啡赛道地图

对比星巴克与瑞幸，这两家公司的差别在于价值定位和商业模式。瑞幸咖啡通过 O2O 商业模式创新，用面积小、无收银台、不设座位的快取店为用户提供咖啡。瑞幸咖啡的商业模式实现了比星巴克更低的店铺成本，因此能够做到咖啡价格比星巴克的便宜。2023 年第二季度瑞幸咖啡季度收入超越星巴克，成为中国市场第一大连锁咖啡品牌。

通过赛道地图，可以了解行业的全貌，观察到领先公司已经占据的维度点位。通过赛道地图还能够发现空白点，为创业公司制定制胜创业战略提供指引。赛道地图可以说是制定创业战略的关键工具。创业者学会制造赛道地图能够带来不一样的优势。

第5章 选择立业路径

通过锁定创业机会，创业者深刻了解了趋势，洞察机会背后的驱动因素；通过审视资源禀赋，创业者判断了自己的资源条件的优势和短板；通过制作赛道地图，创业者对赛道上的各种玩法进行了总结，能看清市场竞争全局态势，为找到市场空白提供了条件。做好了这些基础工作，接下来就要进入制定创业战略的核心——立业路径设计了。

5.1 路径是创业战略的核心

战略是企业存亡之道。"道"的本义就是路径。有人说战略就是方向。这个观点作者并不认同。路径才是战略的核心，更是创业战略的核心。创业可以理解为创业者通过成立企业去开发机会。企业是创业者开发机会的工具、桥梁、主体。上一章已经从企业的本质出发发现任何企业都必然有价值定位、核心客群、产品品类、商业模式四大维度。确定了企业立业三角锥模型的这四大维度，就确定了这个企业的底层逻辑。

创业开公司，出发点就是建立业务去开发机会。创业战略的路径设计，从根子上讲，就是建构合理的企业业务底层逻辑，通过企业业务的底层逻辑实现开发机会的根本目标。因此，创业战略的路径设计可以从确定价值定位、核心客群、产品品类、商业模式入手，通过确定这四大维度应该瞄准的点位，确定创业公司的业务形态与业务底层逻辑。

解开了战略路径的秘密，懂得了战略路径到底指的是什么，很多创业企业失败的原因就容易搞清楚了。很多机会不错、资源很好的创业项目轰然倒闭，原因多半就是缺乏战略路径或者路径错误。

2014年，贾跃亭看到了电动汽车这个超级赛道的创业机会，宣布创办乐视汽车。贾跃亭公开提出，他要把乐视汽车打造成以电动化、智能化、互联网化、社会化为特征的未来汽车产业形态。为此，他招募了一批行业精英，包括上海通用汽车总经理丁磊、百度无人驾驶汽车团队负责人倪凯等，使乐视汽车获得了互联网、汽车两个领域的高端人才。

而且，为了实现这一愿景，乐视汽车还决定在美国硅谷设立研发中心，吸引全球最顶尖的科技人才。中心拥有先进的设备和技术，为乐视汽车的研发工作提供了强有力的支持。此外，乐视汽车还在美国内华达州建立工厂，以及在中国的浙江莫干山建厂，以实现其汽车制造的宏伟计划。

在人才、资金都到位之后，乐视汽车团队成员也夜以继日地工作、探索和创新，为实现乐视汽车的愿景付出了巨大的努力。但是，创业的结果却是，2017年乐视汽车公司资金链突然断裂。

贾跃亭也成了失信人士，不得不远走美国。乐视汽车最终未能造出一款能够量产的车。

2014 年，李斌也看好电动汽车的创业机会，创立了蔚来汽车。李斌也同样召集了一支强大的创始团队，其中包括原龙湖地产执行董事秦力洪、原菲亚特中国董事长郑显聪、原新东方总裁兼 CFO 谢东萤、原玛莎拉蒂 CEO 马丁·利奇和原思科 CTO 伍丝丽等。

在创立初期，蔚来汽车专注于研发和生产高端电动汽车，以打破国内汽车市场的格局。李斌和团队设想可以通过提供更好的服务和技术，吸引更多的消费者选择蔚来汽车。

为了克服创业团队汽车制造经验不足的弱点，2016 年，蔚来汽车与江淮汽车达成合作，江淮汽车以代工的形式生产蔚来汽车。这一合作让蔚来汽车能够更加专注于研发和品牌推广，同时也解决了生产制造的问题。在技术研发方面，蔚来汽车明确团队聚焦在电机、电控和电池管理技术上，做到这些关键技术的自主掌控。其他如动力电池等零部件，采取依靠供应商的方案来解决。

经过两年的努力，2017 年，蔚来电动 SUV ES8 发布，售价在 40 万元左右。这款车型的推出及交付标志着蔚来汽车成功量产。2018 年 9 月，蔚来汽车在美国上市，离创立到上市，蔚来仅用了 4 年，这无疑是一个惊人的成就。

对比贾跃亭和李斌的创业故事，有什么启示？创业战略路径选择对成功有决定性影响。贾跃亭和李斌在同一时间创业做电动汽车。他们的创业机会一样，创业资源差别不大，甚至可以说贾跃亭的资源还更强些，但他们的结果却截然不同。关键的区别，就是贾跃亭和李斌的创业思路也就是创业战略的路径不同。

贾跃亭要做的汽车，愿景宏伟，但目标市场不清楚，关键功能不清楚，而且还错误地决定去美国建工厂。这样的创业战略就是路径不清晰。结果就是花了海量的钱，组建了豪华团队，也努力工作，结果除了债台高筑，什么车都没有造出来。反观李斌的创业战略就清晰务实很多。明确就做高端市场，明确专注研发"三电"技术，突破电动汽车技术障碍。并且，通过和江淮合作，直接获得丰富造车经验，避免费时费力的重复投资。结果，三四年就造出了量产电动车ES8，公司还成功上市。

应用"立业三角锥"模型可以发现贾跃亭的汽车战略问题。价值定位方面，贾跃亭提出电动化、智能化、互联网化、社会化。但"四化"纯属于个人愿景，不是用户需求，更不算用户痛点，不能是公司的价值定位。核心客群方面,贾跃亭就没有清楚表达过。大家就不知道他打算为大众造车，还是为科技爱好者造车，还是为少数商业精英造车。而由于价值定位没有，核心客群不明确，开发的目标不断变化，工程团队自然就处于不断推倒重来的状态。

产品不能定型，量产车就无法造出来，产品品类更无从谈起。商业模式方面，乐视汽车又犯了常识性错误。连特斯拉都是靠在上海建立工厂拯救了生产能力。乐视汽车选择去美国建工厂。在美国进行价值创造，怎么可能行得通。

从"立业三角锥"模型分析乐视汽车的创业战略，问题是不是一目了然？如果贾跃亭学习了创业战略，特别是深入理解了"立业三角锥"模型，能够认真按照模型揭示的创业规律制定乐视汽车创业战略，结果会怎样？或许今天中国又多了一个横跨互联网、汽车、家电业的超级企业。

创业者确定战略路径，就是要围绕价值定位、核心客群、产品品类、商业模式四个维度做出决定。也就是决定创业项目从用户痛点出发的价值定位，找到对价值定位有强需求的核心客群，开发出符合用户使用场景并有技术先进性的产品品类，设计效率高的商业模式。

5.2 路径选择与关键节点

创业者构想战略路径，这在过去是非常艰辛的。找到合适的发展路径有时靠的是运气。运气欠佳时，就要花费大量的时间和成本去试错摸索。不过现在有了赛道地图就不一样了。

1. 用赛道地图选择路径

制作了赛道地图，路径设计就简单了。创业者制定赛道地图之后，可以像张一鸣创办字节跳动，做出今日头条、内涵段子、抖音一样，在赛道地图上，规划创业项目的战略路径。

在赛道地图上规划创业战略路径时，要注意以下要点。

（1）逻辑自洽。价值定位、核心客户、产品品类、商业模式要内在逻辑连贯。核心客群、产品品类、商业模式都要围绕着价值定位，体现项目的价值定位。

（2）找到空白。在各维度点位选择中，要有竞争程度低的空白点位。

（3）平衡风险。维度点位选择时，避免过度超前。要控制总创新量，在创新风险和可靠性上找平衡。

（4）简单直接。维度上的点位避免抽象名词，尽量用具象名词、动词，避免用形容词。能用老概念，就不用新概念。

（5）边界明确。路径必须有边界。确定什么自己做，什么找合作伙伴做。找到合作伙伴的就确定交易结构。根据项目的资源多少，明确边界宽窄。

下面是华师经纪公司的一个案例故事。

2009 年，深圳一个叫王贤福的年轻人因为找工作艰难，开始创业。先是做了臧其超老师的助理，后来因为实现一年排课量突破 300 天的传奇，有其他老师找上了，想和他合作。王贤福经过两年的探索、实践，2011 年首次提出"讲师经纪"的概念，并开创了培训行业新模式——讲师经纪。定位在帮助讲师对接各种培训机构，为他们排课，收取老师讲课费提成。该商业模式跑通之后，他十几年专注讲师经纪这一路径，如今已经成为培训行业的讲师经纪第一平台。

华师经纪越做越大，品牌名气也大了。不乏企业找上门来，希望华师经纪能够和他们企业直接签约，为企业安排对口老师，做企业内训业务。面对这样的商机，王贤福总是婉言拒绝。他告诉企业，他做讲师经纪，客户是培训机构，他不能干抢了客户饭碗的事情。

对于服务好讲师，提升影响力的事情，王贤福则舍得持续投入。2012 年，王贤福策划举办《国际培训产品博览会》(简称"培博会")。培博会通过博览交易、主旨演讲、研讨分享等形式，集中展示全球培训行业新趋势、新产品、新技术。随后，坚持每年搞一次。十年后，培博会已成为目前国内综合实力最强、规模最大、最具影响力的教育培训类展览会之一。

2. 围绕路径确定战略任务

创业者确定了路径之后，接着就可以推敲路径上的关键节点。关键节点可能是路径上的障碍，也可能是路径上的可以收获的资源。障碍要突破，资源要收获。理清楚这些节点，写下来需要对应做的事情，就形成了公司的关键任务。也有人把这些关键任务称为创业战略规划中需要实施的战略举措。

2004 年乔布斯组建了一个秘密团队，开始研发一款类似于 iPad 的平板电脑。在做的过程中，乔布斯逐步推敲清楚了苹果公司的新战略。他改变主意，不做新一代电脑，而是决定进军智能手机领域，打造一款完全不同于当时市场上的手机的产品。这就有了 2007 年 6 月上市的 iPhone。在 iPhone 的首次发布会上，乔布斯用三个词来形容 iPhone："宽屏 iPod+ 手机 + 互联网通信设备"。乔布斯也毫不掩饰自己对 iPhone 的期待与雄心。他称 iPhone 是"苹果公司历史上最具革命性的产品"，并预言它将"重新定义手机"。

乔布斯为了实现"重新定义手机"，也就是把 iPhone 做成一个智能终端平台的战略，采取了以下几个关键举措。

（1）苹果与 AT&T 签署了独家合作协议。该协议让 iPhone 一开始就有了广泛覆盖的小时网络。并且由于有了 AT&T 的网络及数据支持，iPhone 手机有很好的用户体验。

（2）整合多个功能。乔布斯决定将多种功能集中在 iPhone 上，这一战略决策使得 iPhone 成为真正的智能平台，也成为苹果至今一直稳定发展的关键因素。

（3）App Store 生态系统：引入 App Store 是一项关键决策。这一平台为第三方开发者提供了一个销售和分发应用程序的途径，推动了移动应用的爆发式增长。这种生态系统不仅增加了 iPhone 的吸引力，也为苹果创造了额外的收入来源。

（4）创新的设计和用户体验:iPhone 注重外观设计和用户体验。其采用了多点触摸屏幕技术，推出了直观易用的用户界面，使得用户可以通过手势进行操作。这种创新设计和卓越的用户体验成为 iPhone 的差异化竞争优势。

（5）硬件和软件的垂直整合：iPhone 沿用苹果传统的垂直整合的战略，将硬件和软件紧密结合在一起。这种整合有助于提高产品性能和稳定性，并为用户提供一致的体验。同时，这也为苹果提供了更大的控制权，使其能够更好地管理产品的生命周期。

乔布斯采取以上措施成功让 iPhone 成为划时代的智能终端平台。这些措施，有的是为保障 iPhone 性能方面，有的是为保障用户体验方面，有的是打开销售局面，有些是为打造平台产品，有些是为建立竞争壁垒。总之，都是走通战略路径、实现战略目标需要做的关键举措。

5.3 边界内的自己做，边界外的找合作

在明确了项目的价值定位、核心客群、产品类型、商业模式之后，创业公司就要确定要做什么了。好战略，不仅需要知道要做什么，还要知道不做什么。知道不做什么，就是确定边界。边界清晰了，战略路径才真正清晰。边界内的事情创业公司组织团队自己干。边界外的事情寻找合作伙伴建立合适的交易结构来干。

定义了企业的边界，就确定了其经营范围和核心职能。从创业规律来看，确定企业边界很重要，因为它不仅有助于企业聚焦于其核心业务，发挥长处，还有助于吸引合作伙伴，整合外部资源。

首先，创业战略明确边界有助于企业聚焦。在中国，任何行业迟早都会面临激烈竞争。创业公司只有聚焦，把资源和精力都放到公司想要解决的社会问题、客户需求上，才能做得比别人更有竞争力。在公司的创业战略上，明确边界，确定公司不做什么，有助于创业团队避免发散思考，注意力集中在要做的事情上，实现公司战略聚焦。

其次，创业战略确定边界还有助于内部资源整合。企业在其明确定义的边界内可以更好地规划和管理资源，确保这些资源用于支持核心业务。这包括资金、人力资源、技术和其他关键资产。

通过将内部资源集中在有限的领域，企业可以更好地控制其资源，从而提高效率和创造更高的价值。

最后，创业战略有明确的边界有助于吸引合作伙伴。当企业清楚地定义了自己的核心业务和战略重点时，它们能够更容易地与其他企业和组织建立战略合作伙伴关系。这些合作伙伴可能会提供补充性的资源、技术或市场准入，从而增强企业的竞争力。例如，苹果与供应商建立了密切的合作伙伴关系，以确保其产品的质量和供应链的稳定性。

需要说明的是，不做的事情，并不是没有需求，也不是项目不需要。就像华师经纪不做企业客户，不为企业提供讲师，不是因为企业没有这个需求，而是王贤福认为，这么做会伤害他们的核心客户，也就是培训机构，因此也会动摇华师经纪的战略。

先来看"太二酸菜鱼"狭窄边界的胜利案例。

2020 年 1 月九毛九餐饮连锁在香港交易所上市。九毛九做西北菜起家，但真正让公司快速发展的是做了酸菜鱼店。2015 年，九毛九尝试运营"太二酸菜鱼"。太二并不是第一个发现酸菜鱼这个风口的餐饮公司。2015 年时，酸菜鱼的市场规模已有 52 亿元。2015 年到 2019 年全国还陆续出现了 3 万多家酸菜鱼店。到 2019 年酸菜鱼已达到了 174 亿元的市场规模，并且还在以每年 30% 的复合增长率不断增长。趁着市场起飞的势头，太二酸菜鱼做到了品类第一，2020 年全年营业收入达 19.6 亿元，2022 年营业收入达 31.08 亿元。

疫情三年，餐饮业受到很大冲击，但就是在这样的环境中，太二酸菜鱼还是保持增长，体现了公司创业战略的正确性。

在价值定位上，太二细化了酸菜鱼品类，基本价值瞄准酸菜。提出了"酸菜比鱼好吃"的口号。延伸价值瞄准生活态度。在太二的品牌内涵里，"二"不再意味着不靠谱、不上道甚至不着调，而是意味着匠心精神、潮流体验和产品主义。

核心客群紧紧抓住追求个性、生活态度的 25 ~ 35 岁年轻人。

产品品类分化出老坛酸菜鱼的新品类，成为这个品类的代表。并且，打破餐饮界常规，聚焦单一菜品。太二酸菜鱼店只提供一种酸菜鱼菜品。这种精简的产品设计既提高了点单和上菜效率，又使菜品标准化程度大大提高。

商业模式上采用极简方式，不提供四人以上拼桌，不提供酒水。太二还舍弃了以下服务：等桌、倒水、加菜、点餐、打包。创新搞成只有一道主菜、不提供酒水的餐饮店。消费者进店流程简化，自助倒水、点单、支付，降低了服务成本，提高了店员人效。

中央厨房统一采购：太二酸菜鱼的大部分菜品通过集采的方式进行统一的供应管理，仅有少量的毛菜由门店采购。这样的设计尽可能地保证了菜品原料的质量和稳定性。太二与两家鲈鱼供应商成立合营公司，制定养殖标准并严格监控鲈鱼质量。

仓储和物流：太二酸菜鱼在仓储和供应链方面选择自建仓储以及与海底捞系的蜀海供应链合作，后者还承担了太二的物流配送。这种做法能够保证原材料的及时供应，确保出品质量稳定可控。

从上面对太二酸菜鱼创业战略路径的分解，可以看出，太二酸菜鱼的路径简单清晰，边界明确。只做单品菜，还不提供 4 人以上的桌子。放弃了喜欢他们的氛围，还想吃其他菜品的生意。甚至，不提供大桌子，超过 4 个人就餐的生意都不做。这种一反餐饮行业常态的做法带来鲜明而独特的消费体验，同时也带来了简化供应链及店面管理，降低店面扩张难度的好处。单店的小、窄，带来整体发展的简单。这一创业战略使太二酸菜鱼获得成功。

再来看一个理想汽车的供应链管理案例。

理想汽车在造车新势力中，供应链管理算非常优秀的。李想分享过他们的供应链管理思路：

理想坚持实现核心技术的全栈自研。包括辅助驾驶和感知等方面，理想自研了 XCU 中央域控制系统、多模态融合感知算法等。通过自建工厂、成立控股合资公司两种方式自建供应链体系，保障核心技术的落地，以及质量和供应的稳定。

理想汽车供应链体系主要遵循两个原则，第一是死穴，供应商做不了的零件，理想自己做；第二是效率，如果零件越封闭效率越高，就自己来做，如果越开放效率越高，就让供应商做。

综合考虑性能、质量、供给、成本四个要素，理想将汽车零部件分为四大模块，并分别采取不同的策略。

第一大模块是传统的汽车零部件，与新能源汽车没什么差别，产能够，而且性价比高，理想汽车选择和成熟的供应商合作，不自建工厂，比如座椅、后视镜等。

第二模块是三电，理想会很深地介入电机、电控、增程器，自建研发和生产制造。苏州的碳化硅厂、常州的驱动电机厂和绵阳的增程器厂，这类零部件属于越封闭效率越高，理想自研自造，能直接影响每一个细节的改造。针对电池，理想选择与供应商共同设计和研发电池包，但不建工厂，也不涉及电芯，因为电芯属于规模越大，效率越高，成本也越低，电芯不自研。

第三个模块是智能传感器类，当前供应较稳定，理想汽车有固定的几家供应商，但自己做能极大降低成本，所以会灵活来看。

第四个模块称为创新类，主要包括超大屏幕的 HUD、空气悬架、国产核心芯片，这部分理想汽车选择了自研，但不会自建工厂，因为这类零件能带来差异化，也能极大提升产品力。

在整体上，理想汽车把自制件的整车成本占比控制在 30% 以内。因为过多的自制件意味着需要更多的零部件工厂，需要借助更高的资本杠杆，长远会带来市场竞争力不足的问题。

5.4 创业要聚焦路径

创业选择好创业战略路径之后，就要聚焦路径。创业保持战略定力，对各种诱惑说"不"。这个道理很多人都听说过。但真正能够做到的创业者并不多。可能主要的问题来自两方面。一是创业者自己的定力不够，贪多求快。二是团队扩大之后，新进来的人有建功立业的心情，想多做事情。创业者自己心中有贪念，就会被客户的需求、员工的提议所鼓动，做很多不应该做的事。公司规模还没有大起来，产品线倒是搞了几条，目标市场也开拓了几个。偏离了战略路径聚焦，结果产品虽然多，但是没有一个爆款。公司做得越多，亏得越多。

从作者的经验来看，创业者要做到聚焦路径，就要自觉抵制"贪念"演化出来的三种想法。

一是搞布局。想着一口气通过布局把整个市场占领了。作者碰到创业阶段就搞布局的公司，没有一个有好结果。创业搞布局，是创业的一大坑。也许有些创业者上过一些战略培训课。课上的讲师说，"战略思考长远，要提前布局"。受到这样的说法蛊惑，一些创业者业务刚刚打开局面，就想着去占领几个省市的市场。或者，一个产品刚刚起量，就觉得要着手搞第二产品、第三产品了。

结果，摊子铺得太大，收不住，资金链断裂。

搞战略布局是要有前提的。前提就是资源非常丰富。大型公司规模大，资源多，可以这么做。创业公司资源匮乏，一布局，就会把本来就少的技术人员、销售队伍分散了。形不成团队优势、规模优势，还大大增加了内部的沟通成本、管理成本。市场看上去占领了，其实投入的资源太少，根基不深。被竞争对手一冲击，就会垮掉。

二是迷信用户需求。企业存在要满足用户需求，但不能迷信用户需求。有些经验不足的创业者想着好不容易开发的客户，怎么着也不能让别人抢了。于是对用户特别用心，恨不得满足用户的一切需求。搞得公司被杂乱的用户需求牵着鼻子走，导致公司仓库里面堆满了没有卖出几单的产品。

创业者要倾听用户的想法，倾听用户的反馈，但是不能不假思索，不考虑公司的资源条件、财务回报就去做。在精力有限、供应过剩的时代，不是做什么都能够赚钱的。只有做得比别人又好成本又低，才有钱赚。创业企业只能满足能够做好的用户需求。不明白时，想想"太二酸菜鱼"只卖单品的案例。

三是拔高概念。怕被别人说自己做的是一个小市场。总想用一些大概念来包装自己。做电池的，不说自己是做电池的，硬要说是做新能源的。做足疗的不说自己是做足疗的，硬要说是做大健康的。卖群控软件的不说自己卖群控软件，硬要说是做数字化。说多了之后，自己都信了。创业者自己想大了，公司战略的边界就模糊了，没有了。

要做成独角兽企业，聚焦路径应该坚持到什么时候，坚持到品类打穿，还是尽早搞品类扩张？

或许，粟裕大将的例子能带来启发。粟裕被誉为"战神"。他是在无后方的游击战中成长起来的军事家。战神粟裕打战有个特点（也是毛泽东的战略原则），打歼灭战，不打击溃战。因为，粟裕长期在无后方依托的条件下作战，所有武器装备都需要通过歼灭战来补充。也就要求不仅要打赢，还得以战养战。

类比一下，创业项目也是没有集团做后盾。本金消耗光了，公司就垮了。所以，垂直类独角兽的生存策略最为重要的打法也是"品类歼灭战"。在没有靠山的情况下，没有取得品类的绝对竞争优势，会面临不得不持续和大平台或有大资源的模仿者打补贴消耗战。一旦陷入消耗战，创业公司最终就只有死路一条。避免消耗战的关键方法，就是聚焦。把资源集中在窄窄的路径上，抢在竞争对手模仿跟进前占领优质客户，占领用户心智。

而且，打歼灭战还有一个大好处——极大地增强部队信心，挫败敌人信心。战神粟裕带出来的部队自信心极强。敢于在重重包围中全歼对手的王牌部队。创业做企业也类似。要做独角兽，隐形冠军，只有在自己的路径上有歼灭对手的实力后，才能进可攻退可守。

2022年中国新能源车市场大爆发，全年销量超过600万辆。与行业大发展相伴的是，市场竞争也更加激烈。新能源车每一个细分市场都有几家公司，几个车型激烈竞争。就在前一年，新能源车市场还不是这样。那时，新能源车的竞争对手主要在油车领域，是品类之间的竞争。到了2022年，市场竞争态势变了，不再是电车与油车之间的竞争，而是电车和电车之间的竞争。整个新能源车市场已经从选拔赛进入残酷的淘汰赛。

作为造车新势力的代表之一，小鹏汽车2022年销量跌到谷底，市值也一度只有500亿元。为什么会出现这种局面？看一下小鹏汽车的产品布局，就明白问题出在哪里了。小鹏汽车作为一个创业公司，产品线太宽。产品价格从16万元到47万元，一下针对了三四个不同的细分市场。小鹏公司设置了E、F、H三个产品平台，分别建立从客户到技术的闭环。从组织结构看，小鹏汽车也的确是同时在打至少3个市场。

对比一下，蔚来和理想的目标市场都比小鹏汽车专一。至少到目前为止，蔚来还是只做高端市场，理想汽车只做家庭SUV。

说到这里，关键问题来了。小鹏公司作为一个创业公司，公司积累的技术、营销资源、组织能力能够同时打赢三场战争吗？

当然不行，特别是在新能源汽车这样一个世界级竞争行业，更不行。无论是主动，还是被动，在一个竞争日益激烈的市场，分散资源，分兵作战，是一个战略劫。

从战略原则来说，无论是创业战略还是竞争战略，都讲究集中资源，打透一个市场，打透一类客户。什么叫打透，就是在这个细分市场，这类客户要占到30%以上的份额。也有公司同时打两三个市场，但那是资源足够丰富，能够保证每个市场都有足够的资源去打透。在新能源车市场，除了比亚迪和特斯拉，恐怕还没有其他公司说自己有这个实力。

2023年，小鹏汽车的市值随着G6的推出上涨到了1300亿元。但是公司的战略劫还是没有解开。2023年上半年，小鹏汽车交付量同比下滑39.9%，跌至4.14万辆。公司营收降至91.0亿元，净亏损拉大至51.4亿元，毛利率跌至 −1.4%。后续的经营状况都要看G6的市场表现了。

创业公司创始人理性上往往知道，要集中资源做事情。最好做到千军万马攻一个墙垛。但创业者往往被布局思想，或者是抓机会思想误导，搞多市场、多产品线并行发展。结果分散资源，掉进坑里。新能源车市场竞争如此激烈。战略失误，掉入坑里，就有公司失败的危险。即使侥幸开发出了爆款，在资源被耗尽之前爬出了坑，也还是会丧失发展的势头，没有了领先优势。

5.5 发展新路径的时机与条件

世界上任何事物的产生与发展都有周期。产品有产品生命周期，行业有行业周期。用户也会随着时间的推移，或成长或老去或兴趣点改变。也就是产品品类、核心客群，都有一天不能继续下去。因此，任何路径都有走到尽头的时刻。那时该怎么办？

1. 第一曲线与第二曲线

英国管理大师查尔斯·汉迪在他的书《第二曲线：跨越"S型曲线"的二次增长》中提出，要准备好走"第二曲线"，如图5-1所示。

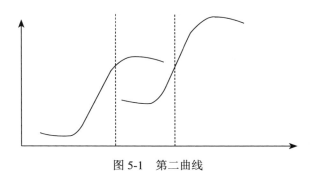

图 5-1 第二曲线

第二曲线和第一曲线一样，有起始期、成长期、成熟期、衰退期。整个过程犹如登山活动一样，往往是从平地开始，不断向山上攀登，接近或到达顶峰后，再由高往低向下走，直至最后回归平地。企业要想长时间地持续增长，就要在适当时候开启第二曲线。

一条曲线就是一个创业战略路径。开启第二曲线，就是开辟新的创业战略路径。第二曲线要做好，有两个点要明确：一是"第二曲线"什么时候启动；二是"第二曲线"和"第一曲线"什么关联。

"第二曲线"也就是新创业战略路径，最理想的启动时机是在"第一曲线"度过了高速成长期，迈入成熟期。行业增长变缓，公司的收入增长也变缓。这时，可以开始调动资源，思考进入新的发展轨迹，也就是制定新路径。过早或过晚都有问题。

2. 创业先跑出"第一曲线"

"第一曲线"处于启动期或成长期，需要大量的资源推动增长，创业公司最佳的做法就是聚焦。在这个阶段，创业者在心态上要自觉排除杂念，调动一切能够调动的资源，投入"第一曲线"。先跑出第一曲线，跑完第一曲线应该有的收入增长，再考虑第二曲线的事情。

曾经有技术创业者问过作者，探索出来值得聚焦的路径之后，公司也想集中资源做事，但是公司的技术研发团队怎么处理？他们要不要脱离公司的聚集方向，探索新的需求方向？其实，这个问题的实质是，聚焦路径时的技术团队要做什么工作。

答案也很简单。技术研发团队这个时候要转换使命。从开拓性的非连续性创新中转变过来，做围绕路径的连续性创新项目。应用技术能力降低产品成本，改进性能。苹果公司自从 2010 年

iPhone4 上市以来，十多年没有什么重大创新。苹果公司的开发团队主要做的事情，就是围绕着 iPhone4 手机确定的规范与功能，不断改进性能。通过延续性创新，或者说每年的微创新，让 iPhone 手机牢牢垄断了世界高端手机市场。反观小鹏汽车，在 2020 年开发出了爆款车 P7 之后，没有把资源集中在巩固和拓展 P7 开拓的路径上，而是轻率地推出了一款针对新市场的车型 P5。结果 P5 销量不好，连带影响了 P7 的销量。研发资源被摊薄之后，拖慢了研发进度，造成改进型号 P7i 直到 2023 年 3 月才上市。这使得小鹏汽车在 2022 年畅销车断档，丢掉了发展势头。

聚焦路径是整个公司的所有部门都聚焦。即便是技术研发这类，有承担探索未来责任的部门，也要聚焦。聚焦就是调动一切资源全力以赴。聚焦路径，要聚焦到市场打透，直到行业成熟，业务再也难以保持高速增长。到了这个时期，公司要想持续发展，就需要寻找新的路径，建立"第二曲线"，获得新的增长点。

怎样才能成功开辟"第二曲线"，建立新的路径？解决这个问题的基本逻辑还是要应用创业战略体系，要找到新机会。稍有不同的是，"第二曲线"的创业战略要延续"第一曲线"建立的优势。成功的"第二曲线"往往都借用了第一曲线建立的优势。

我们来看"太二酸菜鱼"与"怂重庆火锅厂"的案例。

"太二酸菜鱼"2015 年首店开业，主打年轻人市场，最终一炮而红，成为公司核心收入来源。在发展 5 年后，2019 年"太二酸菜鱼"收入达到 12.77 亿元，成为酸菜鱼赛道头部品牌。这时，九毛九集团开始新的业务探索。2020 年 8 月，旗下火锅品牌"怂重庆火锅厂"在广州低调试营业。

火锅是个餐饮的大赛道，但也是个"红海"。而且，行业格局似乎已经形成，火锅头部品牌海底捞凭借服务口碑，收入规模超过 300 亿元，并且早已经上市。面对这样一个"红海"市场，九毛九集团的火锅创业战略是这样做的：复制太二酸菜鱼的创业战略经验，制定火锅业务发展路径。

怂重庆火锅基本价值主推鲜切牛肉，派生价值抓住快乐。餐厅处处体现"快乐"元素，比如"管他几岁，开心万岁""你开心就好"这样的标语。核心客群同样是年轻人。产品品类上，也是精简"SKU"，只提供一种锅底。商业模式上牛肉直接从屠场现杀现送，不过夜，门店服务还"认怂三不收"：茶位不收费、纸巾不收费、调料不收费。

从实战效果来看，怂重庆火锅的创业战略路径应该对了。在火锅这个"红海"赛道上，它们闯出了高速增长的路。开店第一年收入 748 万元，第二年收入 8740 万元，第三年收入 2.59 亿元。要知道这是疫情三年的业绩。到了 2023 年，半年收入达到 3.5 亿元。

九毛九集团选择在太二酸菜鱼发展了 5 年后才开始进入新路

径。这时的太二酸菜鱼已经是酸菜鱼品类的第一品牌。同时，经过太二酸菜鱼 5 年的发展，九毛九集团在供应链管理方面具有了相当的能力。例如，2018 年已经引入了全面供应链管理系统（SRM）。可以说，怂重庆火锅的成功建立在太二酸菜鱼成功的基础上，利用了后者形成的供应链能力，并模仿其成功思路。

第6章　明确创新重点

确定了创业战略路径，就明确了创业要构建什么样的业务体系去开发机会。创业组建的团队接下来就应该团结一致，沿着路径，逢山开路遇水搭桥，奋勇前行。碰到阻碍就找方法解决。找不到方法，就创造方法解决。

找方法解决障碍，就是在学习利用；创造方法解决障碍，就是在创新。没有创新就没有创业。但创新有风险，就会有不确定性。过多的不确定性会加大创业者付出不必要的时间和资源成本。对于多数创业者而言，特别是新手创业者来说，还需要明确项目哪些地方需要创新，哪些地方不需要创新。

合适的创业是三分创新，七分利用。

6.1 公司创新"不可能三角"

依据立业三角锥模型，我们能清楚地认识到，创业中的创新大体上可以分成三类：一类是产品品类创新，一类是市场创新，还有一类是商业模式创新。电动汽车是品类创新，非常可乐做的是市场创新，"太二酸菜鱼"和瑞幸咖啡主要是商业模式创新，如图 6-1 所示。

图 6-1　创业创新不可能三角

　　创业或者开创新业务不可能同时做到又是新品类，又是新市场，又是新商业模式。如果这三者都是新的，那么不确定性太大，项目无法启动。创业是三分创新，七分利用。新品类、新市场、新商业模式，"三新"做到一个，项目的创新程度就够了。过度追求创新会加大创业难度，增加教育市场的成本。

　　对于品类创新项目，其商业模式最好就不要创新了。借鉴业内或其他行业已经成熟的商业模式，学习应用就行。市场也可以不创新。一个常用的策略是针对老品类已经开拓好的市场，利用新品类的性能优势抢对手的市场。造车新势力前几年开新车型发布会，PPT 对比的都是燃油车。通过与老品类对比，让车主们迅速接受了其产品。

　　作者曾辅导过创业做穿戴甲的创业项目的创业者。穿戴甲是一个新品类，这个品类和美甲店一样，都是帮助女性用户美化手指甲的。这些创业者原来想走电商模式。作者建议他们，不要过度创新，就直接在美甲店聚焦的区域开穿戴甲经营店。也用美甲店差不多的模式做这个新品类。利用新品类天然的便宜、快捷、选择余地大、不伤指甲的优势抢美甲店的市场。他们实验下来，发现效果非常好，短短三个月的时间就开出了 15 家店。太二酸菜鱼搞了商业模式创新，其产品品类就不仅没有创新，反而还精简了 SKU。而娃哈哈搞非常可乐，决定进入可口可乐没有覆盖的新市场，搞市场创新型创业，所以其产品和商业模式用的都是成熟的套路。马斯克的 SpaceX 开发了可重复使用火箭技术，在发射成本上有巨大优势。SpaceX 凭借这个优势直接抢占国际商用卫星发射市场，商业模式也不需要创新，收取发射服务费用就好了。

少数项目创新了一个全新的品类，不得不寻找一个新市场。比如大疆无人机就是一个全新的品类，而且也创造出全新的使用场景。但是，仔细观察大疆的创业过程就会发现，大疆是分为两步走的。创业初期汪滔带领团队，主要精力用在开发无人直升机的控制软件，客户主要就是航模爱好者。也就是在老市场上磨新产品。

到了 2010 年，法国 Parrot 公司发布了世界上首款流行的四旋翼飞行器 AR.Drone。AR.Drone 的成功促使汪滔决定开发四旋翼无人机产品。大疆于 2011 年 9 月跟进，推出了多旋翼飞控 WooKong — M。这个时候大疆的产品客户还是专业用户。

经过多年的技术积累，大疆无人机产品能力成熟，汪滔决定进入新市场。2013 年，大疆推出全球首款航拍一体机"大疆精灵Phantom1"。大疆精灵将之前局限于航模爱好者的专业市场推广至大众消费市场。全球大量的户外摄影爱好者成为大疆无人机的用户。这之后，"多旋翼航拍影像系统"成为大疆的主赛道。

6.2 产品创新遵循最小可行性产品法

品类创新项目创新的重点就在产品上。产品创新要遵循最小可行性产品（即 MVP，minimum viable product）的思想。Eric Ries 在其著作《精益创业》中介绍了可行性产品的概念。MVP 指的是搭建一个能基本满足需求的产品，先不管细枝末节，只保留主要功能投入市场，基于用户反馈快速迭代，直到产品迭代打磨到一个相对稳定的状态。

1. 软硬件创业都可以应用 MVP

MVP 是一种避免闭门造车、开发出客户并不真正需要的产品的开发策略。先快速地构建出能解决用户痛点的最小功能集合。这个最小集合所包含的功能可以满足产品部署的要求并能够检验有关客户与产品交互的关键假设。换句话说，最小可行性产品是以最快、最简明的方式建立一个可用的产品原型，这个原型要表达出产品最终想要的效果。然后通过用户使用的反馈迭代完善细节。通过反复迭代做出满足客户预期的产品，直至最后完全满足客户需求。在软件行业，MVP 思想已经非常普遍，软件公司会先向市场推出测试的 Beta 版。收到反馈后，再一步步上市 1.0 版、2.0 版、3.0 版等。

虽然，硬件产品不像软件产品可以通过升级的方式让老用户也能享受到最新的功能，但最小可行性产品的思想在产品创新中也要提倡。所有行业的产品进步，拉开时间维度来看，都是用户帮助改进的。iPhone 手机如此，比亚迪的"汉"汽车也是如此。创业公司忌讳一开始就想做一个"功能齐全"的完美产品。这么做的结果往往就是产品上市之日，就是公司倒闭之日。

新品类创业陷入这种困境的项目比比皆是。作者认识一个创业者，他在商品流管理领域非常资深，曾经为多个知名品牌公司做过以商品流为基础的咨询项目。借着这种能力，他创业搞一个商品流管理软件，愿景是把他的知识变成软件，更好地为企业提供服务。可是，在产品开发中，他犯了一个错误。先是，想着既然商品流程都搞了，企业的核心经营数据都有了，那就顺便加上 KPI 考核模块。后来又觉得，做好商品预测，除了要分析内部商品信息，最好还要有市场竞品的数据。所以就觉得再加一个市场数据监控模块吧。就这样不知不觉中，产品想要有的功能越来越多，系统越来越复杂。最后终于有机会去企业实施的时候，却发现企业的实际需求、数据基础和他们软件开发时设想得很不一样。搞得软件难实施，更难使用。结果是软件实施陷入扯皮。用户不满意，团队也不满意。项目因此陷入困境。

2. 市场不满意的意见不可怕

市场上有些品牌产品定位明确，功能设计特点突出，拥有一批精准的忠实粉丝。这往往就形成一种现象，网上天天有人"黑"这个品牌，但真实用户口碑却非常不错。有些甚至形成了"越黑越红"的市场现象。大量负面评价、攻击增加了品牌的曝光度和知名度。它们的目标客户出于好奇心和兴趣，主动去了解品牌。结果发现产品的功能击中了他们的痛点，反而产生了购买冲动，促进了品牌的业绩增长。理想汽车就是这样的例子。理想 One 上市之后，网络上到处都是讽刺理想 One 增程式技术落后的评论。但是，这样的评论并没有影响理想 One 成为爆款车型。为什么会这样？因为，增程式汽车的确解决了电车车主的"充电焦虑"问题，让一部分家庭充电方便，又使有跑长途需求的车主非常满意。

可见，市场有不满意的意见并不可怕，只要目标客户满意就行。各花入各眼，不要去做让所有人都觉得好的产品。基本功能达到目标客户的要求，比让吃瓜群众拍手叫好重要得多。

3. 创新中的借鉴

即便是需要创新的部分也要注重降低创新风险。创业创新追求的是商业成功，不能为创新而创新。要在创新和借鉴中找平衡。好的创新者并非一个封闭的人。创新者在创新的过程中，一样会收集他人的创新亮点。

我国核潜艇的研制和建造有个真实的故事。当时美国有一家玩具公司推出了一款高仿真的核潜艇模型玩具，后来被中国外交官意外发现，并买回来送回国内，这个玩具启发了我国核潜艇设计人员，从而让我们少走了很多弯路。

这个玩具模型给我国设计人员最大的启发在于，它详细展示了潜艇内部的大致结构，各种舱室布局配置，这让我们的设计人员节省了很多精力和时间，至今我国核潜艇虽然采用苏联式的双壳体模式，但内部依然采用类似美国潜艇的大分舱设计，可见这个玩具对中国核潜艇设计的影响有多深。

现在每个人、每天都离不开微信。无论是工作还是生活，微信已经成为人与人交流中不可缺少的工具。马斯克对微信非常推崇，他认为在中国之外就没有这样的产品。微信是怎么诞生的呢？2010 年 10 月，一款名为 Kik 的免费短信聊天功能 App 上线 15 天就收获了 100 万用户。张小龙看到后，就给马化腾写了封邮件，建议做这么一个类似的产品。马化腾同意后，张小龙就在广州组建了一个小项目组。

起初，张小龙自己也不清楚应该把微信做成什么样的，但是他觉得自己有义务阻击腾讯的潜在对手。2011 年 1 月 21 日，微信 1.0 上线。从 2 月份到 4 月份，用户的增长并不快，所有平台加起来每天也就增长几千人。此时，先于微信 1 个月推出的米聊已进入用户数快速增长的阶段，媒体的关注度也高于微信。4 月份，为盲人设计的语言聊天 App Talkbox 突然火爆起来。张小龙当机立断决定在微信中加入语音功能。5 月 10 日，带语音功能的微信 2.0 版本发布。微信的用户量才开始快速增长。随后 2011 年 8 月 3 日，微信支持查看附近的人。10 月 1 日，微信支持"摇一摇"和漂流瓶。微信用户增长的三个关键功能——语音、查看附近的人、摇一摇就全部完成了。有了这三个功能，微信用户增长开始势不可当，很快彻底甩开了竞品。

看看微信诞生的真实过程，会发现微信在开发中自主创新和借鉴是融合在一起的。产品概念的设想、关键功能的设计既有创新的部分，也有借鉴的成分。可见，伟大的创新产品其真实的开发过程也是有着学习借鉴的内容。创新的产品要避免"重新发明轮子"。作者从事投资近 20 年，看过的创新产品无数，但从没有见过有什么完全不借鉴别人的所谓原创产品能够成功的。相反那种完全"原创"的产品，往往是毫无实用性的东西。

6.3 市场创新，挖掘关键意见领袖（KOL）

开拓一个新市场，比如产品走出国门，开发国际市场，需要做一系列的营销动作。经典的 4P 理论指产品（product）、价格（price）、渠道（place）和促销（promotion）。企业开拓新市场时通过这四个元素的灵活组合和调整可以形成不同的市场营销组合。

不过，作者在辅导市场创新型创业项目中发现，项目要成功打开市场，除了要能熟练应用 4P，更需要懂得挖掘关键意见领袖（KOL），懂得建立品牌。善用 KOL 是开拓新市场、解决用户对陌生产品的购买顾虑的捷径。成功打开新市场后，企业就应该通过持续品牌营销占领用户心智，实现建立品牌竞争门槛、保护自身商业利益的目的。

1. 通过挖掘 KOL 开发新市场

KOL 即关键意见领袖（key opinion leader），在开拓新市场中有以下 5 个方面的作用。

（1）建立品牌认知度：当品牌进入新市场时，在目标受众中缺乏知名度。与在该领域有影响力的 KOL 合作，可以通过他们的声誉和社交媒体渠道快速建立品牌的认知度。

（2）提供市场洞察：KOL 通常对其关注领域的市场状况和趋势有深入了解。与他们进行合作，品牌可以获得有关新市场的洞察，包括目标受众的偏好和需求、竞争对手的情况等，这有助于制定有效的市场策略。

（3）影响潜在消费者的决策：在新市场中，潜在消费者对品牌和产品可能存在疑虑和不确定性。KOL 作为可信赖的意见领袖，他们的推荐和评论会对潜在消费者的购买决策产生积极影响，帮助品牌赢得市场份额。

（4）开展产品测试和宣传：与 KOL 合作，品牌可以通过提供免费样品或体验，让 KOL 在其社交媒体渠道上进行产品测试和宣传。这对于新市场中的产品推广非常重要，可以增加产品的曝光度并吸引潜在消费者的兴趣。

（5）建立社群和用户参与：KOL 可以帮助品牌建立一个忠诚的用户社群，并促使用户在社交媒体上参与互动。通过 KOL 的推广和活动，品牌可以吸引更多用户参与并形成忠诚度，进一步推动新市场的发展。

总的来说，KOL 可以提供开发新市场必需的市场洞察，起到信用背书的作用，并能促进品牌知名度的提升。

2006 年 Twitter 出现，并且很快在欧美流行起来。国内，创业者敏锐地发现了这个风口，也快速涌现了模仿产品。比如饭否、嘀咕网、腾讯滔滔等。但真正抓住了这个机会并成为中国的 Twitter 的，是新浪搞的微博。微博才是笑到最后的那个。

微博最早的版本是 2009 年 8 月发布的。比饭否博客网站晚了两年多。微博能够成功，主要原因是其找到了启动中国市场的方法。微博的关键举措是挖掘明星，围绕明星启动市场。

（1）明星营销策略：新浪与知名明星合作，借助其广泛的影响力和粉丝群体，将微博作为他们与粉丝互动和宣传活动的主要平台。明星在微博上分享日常生活、工作动态，发布新闻和照片等内容，吸引了大量的用户关注和参与，进而增加了微博的用户基数。

（2）粉丝群体互动：微博为用户提供了关注明星、与其进行实时互动的机会，包括点赞、评论、转发等功能。这种直接的互动方式使得明星与粉丝之间的关系更加紧密，并且增加了用户黏性和参与度。

（3）热门话题和活动：新浪微博通过推出热门话题、线上活动以及明星参与的游戏等吸引了更多用户的参与和讨论。这些活动通过与明星相关的话题进一步提升了微博的知名度和用户参与度。

在明星的带动下，微博很快在类似的项目中脱颖而出；到2011年4月，注册用户突破1亿大关；2014年4月微博独立在纳斯达克上市。

2. 从品牌的基础作用开始逐步建立壁垒

品牌的基础作用是识别与信任保障。品牌的起源是货物交易中的标识。古代集市上卖牛、卖羊，需要在牲口的屁股上打一个烙印。每一个养殖户都有自家的独有标志，方便买家追踪到是谁家养的牛羊。这样买家买回去之后，如果一两天牲口就病死了，还可以凭借这个标记找到卖家，要求赔偿。

在新市场树立品牌，要有耐心。品牌力不是一天就能形成的，要靠时间积累。无论花多少钱做推广，战略态势上，用户总要先从产品入手认识品牌，从产品使用体验中逐步产生品牌信任。从尝鲜用户开始，逐步形成口碑，再进一步传播，形成品牌影响力。品牌力的形成是一个渐进过程，是要花时间的。品牌推广的作用是加速这一过程，不是改变这样的顺序。有经验的品牌营销操盘手会遵循品牌形成规律，从产品的性能优点、用户的痛点入手，先引导消费者购买，并且为早期用户提供信任保证，打消用户购买疑虑。例如，用户7天无理由退款就是一种信用保障。有一定的用户后，引导用户使用口碑，再通过传播技巧强化公司想要的品牌闪光点，并放大口碑传播的影响范围。

经过一段时间积累，在足够多的用户心智中，对品牌有了固定的印象，品牌就建立了壁垒，品牌也就有了所谓的品牌力。直到这个阶段，品牌才会为企业带来实实在在的业绩。有品牌力的产品，消费者购买的成本低。有品牌力的公司，可以一定程度避免企业陷入价格战，维持好企业利润。

而从竞争角度看，后来的竞争者要建立品牌，需要重演一遍历史，付出时间成本。时间不可复制，所以，已经占据用户心智的品牌，如果不自己犯错，竞争者很难推翻先发先占者的品牌地位。

3. 产品力是品牌基础

创业要建立品牌，相比营销技巧，产品力更加重要。只要产品好，世界上任何一个地方的企业都能够建立起品牌。古巴的哈瓦那雪茄也能在欧美畅销。从品牌原理角度讲，产品好，用户喜欢上了，就是品牌了。从品牌策略层面讲，如果有可能，就从高端入手，从高往低打容易。反过来，先做了低端市场，品牌认知成形了，以后再想做高端市场就难了。

当然品牌营销也有技术含量。创业者如果营销技巧不熟悉，并不是硬伤。创业中，可以通过引入营销人才弥补创业者相关方面的短板。只是，创业者作为公司的最后决策人，需要了解品牌的原理与作用。这样不至于因为认知偏差导致公司陷入死循环。作者曾经碰到一个卫浴领域创业项目。项目原来做智能马桶的 OEM、ODM，公司规模很大。和多数有企图心的创业者一样，公司创始人不满足一直搞 OEM，决心创立卫浴品牌，对标科勒和 TOTO。为了这个目标，他们也研发出了创新的产品。搞成的马桶节水性能非常突出。也就是公司的产品力其实非常不错。但是，他们搞的品牌在花了几千万元营销费用后，还是没有能够建成。原因就在于，这个创始人太急于求成。既太把品牌当回事，又太不把品牌当回事。总认为，做零售业务，没有品牌就起不来。怕消费者看轻他们的产品，不惜把产品取了个欧洲名字，并且包装了一个瑞士故事。走捷径的结果，当然是白白浪费了营销费用。消费者接受一个新品牌，根本上来说，还是要从产品开始。要围绕产品性能特点，找到核心客群，并且建立对应的渠道，触达目标客群。这个过程，不能无视，更不能跳过。否则就本末倒置，白白花掉营销费用。

6.4　商业模式创新追求低成本，高效获客

商业模式创新的目的是寻求新的方式来创造价值。通过改变或重新组合企业的关键要素，改变现有行业的规则，商业模式创

新可以帮助企业开发新的市场机会、提高效率、创造新的收入来源。成功的商业模式创新项目可以带来巨大的商业价值。通过创新商业模式，成就了一大批创业项目。互联网时代到来之后，电商、视频网站、在线旅行、直播、O2O、UGC 等创新商业模式纷纷涌现，造就了一批上市公司。

当然，商业模式创新并不是只在互联网时代才有的。"剃刀与刀片"、连锁经营模式、精益生产模式等也属于商业模式创新产物。这些商业模式的出现给行业带来了重大影响。只是在前互联网时代，商业模式创新发生的频率不高。

"剃刀与刀片"的商业模式最早被人们认识，是从吉列第一只可替换刀片的剃须刀的销售成功开始的。1904 年，金·吉列首次向市场推出了可替换刀片的剃刀组合，他决定以大力度的折扣销售，甚至是在顾客购买其他产品的时候免费搭送剃须刀柄，以期为他的可替换刀片创造需求。这一模式的关键在于所提供的或低价或免费的初始商品是否紧密连接后续消耗品。初始商品要与后续消耗品形成"锁定关系"。"锁定关系"对该模式的成功至关重要。通过专利阻断，吉列确保了竞争者无法以更便宜的价格提供吉列剃须刀适用的刀片。在激光视力矫正市场上，蔡司的全飞秒手术设备也采用这种商业模式。蔡司在中国市场的营收主要来自设备以及每次手术中设备专用的一次性耗材负压环套件，这些耗材仅仅起到固定眼球的作用。但医院每做一台手术，都要给蔡司数千元耗材费用。

连锁经营（即连锁）起源于美国，至今已有 160 多年的历史。可以查到的世界第一家连锁店是由纽约市一家小茶叶店首创的。1859 年，美国大西洋和太平洋茶叶公司建立了世界上第一家连锁企业，之后在各地开办了自己的分店，实行统一管理，统一经营，通过连锁扩大与消费者的接触面，壮大经营规模。特许连锁的首创者是美国的胜家缝纫机公司。1855 年，美国胜家公司要推出当时的创新产品缝纫机，但苦于自身资金及管理精力的不足，所以首次尝试以特许经营的方式建立分销网络，结果成功地打开了零售市场。如今，加盟连锁已经是服装、咖啡、茶饮等领域企业普遍采用的商业模式。

精益生产模式（toyota production system，TPS）是世界上最著名的生产管理系统之一，它起源于日本的丰田汽车公司，并在全球范围内广泛应用。在 20 世纪六七十年代，丰田公司逐渐发展了一套独特的生产方法，其中的关键要素包括"及时生产"（just-in-time）和"尊重人"的文化。及时生产要求在生产过程中不断减少库存，以降低成本并提高响应速度。同时，公司强调员工的尊重和参与，鼓励员工积极参与问题解决和改进活动。TPS 被认为是丰田公司成功的关键因素之一，使其成为世界上最大的汽车制造商之一。这一模式的成功不仅局限于汽车制造业，还启发了许多其他行业，广泛应用于制造业和服务业的管理实践，成为一种重要的生产和运营哲学。

互联网时代到来之后，互联网作为超级连接器连接了各种各样的利益相关者。同时，物流与信息流得以分离，为各种商业模式创新创造了条件。商业模式创新项目不断涌现。价值创造、价值传递、价值变现方面出现了多种创新方式。

作者从事投资的这些年，就亲身经历了互联网价值创造商业模式创新的几个阶段。互联网开始是 PGC（professional-generated content），即专业生产内容。PGC 的创作者通常是专业的媒体从业者，如新闻工作者、传媒行业人员等，他们为网站提供内容。门户网站新浪、搜狐、网易，还有各种行业资讯网站，如汽车之家、三九健康网等，都属于这种模式。后来，UGC（user-generated content），也就是用户生产内容成为主流。维基百科、微博、抖音、小红书等是其中的代表。如今，随着 AI 技术的发展，AIGC（artificial intelligence-generated content，人工智能生成内容）相关的创业项目也开始出现。

价值传递方面创新也非常多。淘宝从货架电商向直播电商发展，创新商品价值的传递方式。雅虎、新浪的内容是分类方式呈现，到谷歌、百度，则是用户通过搜索框寻找内容。到了移动互联网时代，大数据技术和用户标签技术发展，今日头条、抖音这类 App 的用户看内容已经不需要自己寻找，系统会根据用户个人的偏好推荐内容。

互联网和线下实业结合还发展出了瑞幸咖啡、美团外卖这类 O2O 模式。也有反向传递价值模式。拼多多拼团砍价要求用户组团购买商品，需要用户达到一定数量，才能获得团购价格。平台再以规模为条件要求商家提供低价产品。

价值变现方面也有不少创新模式。在投资界流行过一个玩笑话，项目要"羊毛出在猪身上"。互联网项目创新了一系列价值变现新模式。新闻网站，看新闻的用户免费，靠广告变现。玩游戏免费，收道具费用。看直播表演免费，靠收虚拟礼物赚钱。还有订阅模式、会员模式等。可以说，各种价值变现新模式层出不穷。

对商业模式创新，人们虽然已经有所了解，但总体来说，还是知之甚少。商业模式创新（BMI）是一个复杂且不断发展的领域，无论对于投资人还是创业者，仍然有很多未知或尚未完全理解的部分。在新技术、法律变化及人们强烈地追求财富的交织影响的背景下，人们要全面了解商业模式创新、揭示商业模式创新的规律，非常具有挑战性。例如，数字化、共享经济、社交媒体、区块链、数据驱动、AI、生态思维、技术、商业思维的出现，一定还会催生新的商业模式。但预先判断什么样的商业模式会出现却是极为困难的事情。

也许对于创业者来说，最佳的策略还是随时关注商业模式领域的最新发展，通过模仿、类比找到适合创业机会的商业模式。

尽管无法准确预知未来会出现哪种商业模式，但有一些趋势表明商业模式整体上朝着低成本和高效率方向演进。

在商业模式创新中，新的商业模式会替代旧的模式，这是因为新的模式通常能够更好地满足市场需求、实现更高效率或更低成本。例如，在线书店、服装电商能替代传统线下门店，颠覆传统书籍、服装等行业的传统规则，并不是因为有什么强制的法律要求，而是因为电商商业效率更高。电商避免了线下门店必不可少的店面库存，让商品周转效率提高了 3 倍以上。O2O 上门美甲之所以会失败，是因为这个模式降低了行业的效率。如果搞 O2O 上门，美甲师的日服务客户数会从平均 7 单降低到 4 单。

商业模式创新还可以通过整合不同行业的技术和资源来创造新的商业机会。例如，通过将物联网技术与传统制造业相结合可以实现智能制造，降低生产成本、提高生产效率和产品质量。华为携手陕西煤业共同打造的"5G+工业互联网"智能矿山项目改变了传统采煤作业模式，有效提升了矿山生产效率和安全运营水平。AI 视觉技术为家具、家电、汽车提供大尺寸表面缺陷检测，带来成本低、效率高的质检方式，改变了这些行业的质量检测工作模式。

此外，利用数据分析和人工智能技术，企业可以更好地了解市场需求并提供个性化的产品和服务，从而打破传统行业的边界。抖音是一个典型的案例。通过数据驱动和人工智能技术，抖音已经发展为集娱乐、自媒体和电商于一体的平台产品。

总之，商业模式创新是创业创新的一个重要维度。商业模式创新项目旨在提供更高效、更灵活和可持续的商业模式，以适应不断变化的市场需求和新兴技术的影响。商业模式创新项目也要经历一个模式创造并迭代发展的过程。丰田精益生产模式从 20 世纪 60 年代的丰田公司内部生产方式逐步发展为整个供应链的运作模式。40 年后，丰田公司还在不断调整和演进其精益生产模式，以适应不断变化的市场需求。例如，引入了数字化技术和智能制造概念，以提高精益生产模式的生产效率和质量。

6.5 创新重点决定公司文化导向

明确项目的创新重点是产品创新、市场创新还是商业模式创新，创业者就可以在公司内部建立相应的导向，推动相应的企业文化建设。创业公司成长，其产品、目标市场或商业模式都不可能一成不变。随着公司规模变大，变成熟，公司的产品、目标市场及商业模式或多或少都要有相应的调整。但是在一定的时间内，创业公司需要把关键资源投到主要的创新方向上。企业资源的重点方向就决定了公司的文化导向。

多年前，作者在视源电子公司 7 个亿营收的时候，与其创始团队交流过。当时，视源电子的主业还是电视机主板。该行业技术迭代快，竞争非常激烈。公司要在这样一个行业里面生存，关键是要做到技术与产品快速迭代。他们告诉作者，视源电子有一个楼层的生产车间。但是，他们已经准备把生产外包。视源电子的创始团队认为，公司要在这个行业生存下来，只能建立纯粹的工程师文化，依靠工程师不断开发出有竞争力的产品，在行业内发展壮大。为此，视源电子的薪酬、考核、奖金、福利等机制必须适应工程师的特点。公司如果有工人，就会影响公司文化的彻底贯彻。后来，视源电子正是依靠独具特点的工程师文化成长为收入过百亿元的上市公司。

注重产品创新的公司相信，如果公司能够开发出卓越的产品，市场自然会对其感兴趣，并认为它们是有价值的。相关的企业一般会逐步建立产品导向或者技术导向的企业文化。在技术迭代高速的科技行业，产品力是公司制胜的关键。采取这类导向的企业成功概率比较大。隆基绿能创业战略认为"光伏的发展本质在于度电成本降低，专注于技术创新和产品领先，提供更低度电成本的产品是公司的制胜之本"，就是典型的技术与产品导向的表述。

在一些技术进步慢，或者技术门槛不高的领域，企业成功的关键是了解客户需求、市场趋势和竞争环境，然后根据这些信息制定产品开发和营销策略。因此，这些领域的市场创新型项目的市场导向文化更加普遍。王老吉凉茶是一个有近200年历史的老产品。在加多宝运营王老吉之前，这个产品的主要市场局限于两广地区。加多宝奉行市场导向，通过市场调研、品牌营销等手段打开全国市场，特别是创作出"怕上火，喝王老吉"这一经典品牌口号，把"上火"这个中医理念和王老吉的价值联系在一起，帮助王老吉在市场上建立起强大的品牌形象。2008年，红色易拉罐装王老吉凉茶的销售额突破100亿元，成为当年销售额超越了可口可乐和百事可乐的中国罐装饮料市场第一品牌。

在以互联网为核心的TMT领域，互联网作为超级连接器，把各种商业要素连接在一个网络上。商业模式的创新模式不断涌现。商业模式创新及迭代对这个领域企业的持续发展至关重要。在PC互联网时代，三大门户网站是最大的在线新闻网站，但是到了移动互联网时代，三大门户的商业模式没有跟上时代的发展。今日头条崛起。淘宝对电商商业模式的新变化非常敏感。淘宝20年来经历了多次商业模式迭代，从最初的C2C模式演变为B2C模式；从PC端迁移为移动端为主；从固定页面创新出千人千面；从货架电商演变为货架电商和直播电商相结合。作者认为，正是因为阿里巴巴团队对技术与商业环境的变化非常敏感，能紧跟技术、竞争的变化，勇于进行商业模式的创新与迭代，才使淘宝20年来一直保持中国第一大电商平台的地位。

6.6 模仿与拼接是创业者的必要本领

需要强调的是，创业不仅要求会创新，还要会整合利用环境中已有的资源。真实的创业可以说是三分创新，七分利用。创业过程中，忌讳闭门造车，更不能"重新发明轮子"。经过几十年的发展，我国今天的商业环境中的资源可谓丰富。环境是资源库，人才、资金、供应链、渠道等，环境里面都有。善于把外部资源为我所用的创业者往往能够事半功倍，在宝贵的创业时间窗口期创业成功。

利用环境资源对于非创新重点是必须的，对于创新重点也是必须的。区别在于，对于非创新重点可以采取直接拼接与复制。对于创新重点则要进行再加工。风险投资公司在做投后管理时，工作重点就是为项目"找人、找钱、找资源"。项目既然获得了投资人的投资，当然说明有实力。可有实力，并不意味着没有短板。事实上，多数天使轮、A轮项目的短板都很明显。投资人帮助项目、找人、介绍资源主要是为了完善项目的运作体系，弥补项目的短板。

　　作者 2014 年曾参与过一个地产销售技术服务创业项目。创业团队具有互联网技术背景，技术能力很强。创始团队看好移动互联网时代地产营销方式变化带来的机会，就创办了这家公司。凭借创业者的资源，公司顺利做出了移动互联网营销工具产品。但在市场开拓中，碰到了困难。由于缺乏地产行业背景，团队敲不开地产客户的门。刚好作者在地产行业还有些资源，就为他们介绍了常年为地产公司做营销活动的公司。通过与这个朋友的公司合作，借助营销活动公司积累的客户资源，这个创业项目逐步打开市场。

　　从环境中攫取资源，弥补公司短板，其实不应该靠投资人来推动，创业者更应该主动去做。1995 年俞敏洪去加拿大找同学徐小平，邀请徐小平加入新东方共同创业。徐小平的加入，让新东方建立起了签证中介能力。徐小平的到来，让新东方比一般的培训机构多了一个签证的核心竞争力。后来，俞敏洪又去美国把另外一个同学——曾经是高考状元的王强邀请进入新东方。王强在新东方开创了称为"美语思维法"的美国口语培训。"美语思维法"是生活经验、教育规律和理论功底结合形成的一种全新的、极为有效的口语表达突破法。新东方也因为王强的到来获得了培训行业稀缺的内在方法论优势。可以说，徐小平、王强加入新东方，对公司早期的发展以及后来的成功上市起到了重大作用。他们完善了公司能力，弥补了俞敏洪的短板。

2000 年，万科制定了被命名为"海盗"的挖人行动。当时，中海地产是房地产行业内公认的产品管理、工程管理能力最强的公司。中海地产有严密的人才培养体系，它的许多优秀员工都是从最基层的工作做起的，他们经过系列精细的培训，对建筑成本和工程质量管理流程有非常深入的了解。万科启动"海盗计划"后，持续、大规模地从中海地产挖人。人才到位后，万科在成本管控、项目管理、工程质量把控方面有了很大提高。2003 年，作者参与广州万科组建。当时的广州万科从成本、工程到销售，都有中海地产背景的同事。这些同事担任广州万科的中高层干部，是广州万科的中坚力量。

在无法通过拼接与招聘人才将外部资源为我所用时，学习模仿也是一种利用外部资源的方法。特别是在创业初期，走别人已经走通的路，可以减少试错成本，有效降低风险。

20 世纪 70 年代，施乐公司建立了一个计算机科学研究机构——帕洛奥多研究中心（PARC）。在 PARC，研究人员开展了许多具有创新性和前瞻性的计算机科学研究，包括图形用户界面（GUI）、鼠标、以太网、激光打印机等。乔布斯参观 PARC 后，深受这些技术的启发。他认为 GUI 和鼠标是个人电脑的未来。回到苹果公司后，乔布斯将参观了解到的这些技术应用到了苹果的 Mac 电脑上，推出了具有 GUI 和鼠标的 Mac 电脑，打破了传统计算机的界面限制，引领了个人电脑的革新。

当然，学习模仿能够减少弯路，但别人的专利、版权也要尊重。创业学习模仿中，要避开专利、版权问题。聪明的创业者既要懂得学习与模仿，又要懂得创新，要在自主创新和学习利用中，找到最佳的道路。

第7章　确定三年目标

在战略路径、创新重点明确之后，要确定的就是战略目标。目标是战略的要素，也是管理的起点。确定了目标，企业管理者就能通过目标管理、目标计划管理、OKR 等管理手段，把目标分解到各个部门各个岗位。确定了目标，企业管理者也能通过制定预算筹划资源、配置资源。为衡量目标落实效果，企业管理者还会建立衡量目标执行结果的指标体系。有了指标体系，就可以建立公司、部门、个人等各个层面的 KPI 考核制度。

设置科学合理的目标是好战略的内在要求，也是好管理的基础。

7.1 先确定地位，再推导数字

要确定行业地位目标，先要对行业三五年后的格局进行研判。雷军在推特上说，"汽车会逐渐演变为像手机一样的消费电子，市场份额集中在几个顶级玩家手中，届时世界前五大品牌会占据80% 以上的市场份额。换言之，我们成功的唯一途径是成为前五名之一，每年出货量超过 1000 万辆。竞争将是残酷的"。36 氪报道，在理想汽车 2023 年 9 月份的战略研讨会上，理想汽车展望了5 年后的汽车市场。会议认为，彼时国内新能源汽车渗透率可达90%，如果行业只留下四五家企业，比亚迪、特斯拉、华为都在其中，理想汽车如果也要留在其中，至少2028年需要卖出超过300万辆车，比原先2025年销售160万辆的目标翻番才行。

雷军、李想都是创业经验丰富的创业者。他们对战略目标的制定思路是先研判行业未来的格局。有了对行业未来格局的判断，再确定公司想要达到的地位目标。确定了地位目标，再推导要实现的数字目标。

不过，雷军在自媒体上没有公布实现目标的时间。因此，严格来说，雷军还没有真正确定小米汽车的战略目标。战略目标一定要有实现时间。例如，理想汽车2028年要达到300万辆车这样的目标才是真正的战略目标。

1. 成为头部公司

在多数行业中，企业只有成为头部企业才能保持好的生存状态，这是因为：

（1）头部企业容易获得土地、补贴等政府支持。

（2）投资机构更愿意投资行业龙头企业。

（3）人才更愿意选择大公司。

（4）供应商愿意为头部企业提供最优惠的配套条件。

（5）消费者更加信任大品牌。

创业项目一旦失速，失去了争夺头部地位的资格，就会跌入中小企业生存陷阱，在生死边缘挣扎。在边缘状态下生存的中小企业抗风险能力差，随时都有可能因受到竞争、市场波动、股东矛盾、银行调控等因素的影响而倒闭。

2. 行业格局演化速度

在研判行业格局演化时需要注意，行业格局演化没有固定的速度。有些行业几十年发展下来，还是极度分散的格局。有些行业从诞生到形成寡头垄断，可能只需短短两三年。

微信从 2011 年 1 月 21 日上线，到 2012 年 3 月 29 日，突破 1 亿注册用户。仅用了 1 年多的时间，就统一了中国移动 TM 应用。滴滴公司成立于 2012 年，产品是当年 9 月上线。快的公司成立于 2012 年 11 月。两家公司成立后，在短暂的模式摸索后就开始了激烈的竞争。2015 年，长达五个月的烧钱大战后，滴滴和快的宣布合并。合并后的滴滴快的几乎垄断了整个网约车市场，占据了超过 90% 的市场份额。也就是说，网约车行业从创业机会出现到行业格局固化所经历的整个周期不到 3 年。这之后，市场格局就不再改变。后期虽然也有美团、高德等大型企业进入网约车市场，但滴滴仍然拥有牢固的市场领先地位。

还有一些行业，如传统茶行业，则是另外一种情况。中国人饮茶的历史悠久，以陆羽《茶经》为标志，发展至今有 1200 多年的历史。唐宋以来的饮茶文化被周边国家广泛效仿、传播，是历史上中国文化影响世界的重要典范。但是，如今中国的茶叶市场还是极度分散。所谓的龙头茶企市场份额也还是很低的。

提前准确判断行业形成固化格局的时间有助于企业把握合适的发展节奏。总的来说，长长的缓坡对资源背景不强的创业项目有利。极速变化的行业对创业项目的资源要求更高。像网约车行业，行业演化速度太快。融资慢、融资金额少一些的团队还没有来得及出头，就被淘汰了。

3. 把地位目标转化为数字目标

行业地位目标转变为数字目标还需要估计行业三五年后的规模，以及头部企业的市场份额。行业规模估计的一个关键参数是市场渗透率。

市场渗透率是指一种产品或服务在所有潜在用户中的使用率或者购买率。比如，如果品类有 100 个目标用户，其中 50 个是该品类产品或服务的用户，那么该产品或服务的市场渗透率就是50%。市场渗透率的计算公式为

$$市场渗透率 = 实际使用 / 潜在使用 \times 100\%$$

有了市场渗透率的设定，结合用户数量，就可以计算出市场规模。有了市场规模，结合目标地位，就能够确定数字目标。

4.市场渗透率的变化速度反映创新品类潜力

市场渗透率作为一个反映新产品或者新品类市场接受度的指标，不仅可以作为参数，用在估算市场规模上，还可以用来观察新产品、新品类的天花板。投资人会关注市场渗透率，以便衡量新品类或创新产品的真实竞争力。如果市场渗透率提升快，说明创新产品市场接受度好，产品的市场爆发力强。智能手机、移动支付、抖音的市场渗透率增长就非常快。

瑞银集团报告显示，2023年1月末，ChatGPT用了两个月便获得1亿月活用户。这就让ChatGPT和AI大模型在全球范围内引发了广泛的关注和讨论。大模型一下子就成为创业和投资的热点，如图7-1所示。

World of Engineering
@engineers_feed

Time it took to reach 100 million users worldwide:

Telephone: 75 years
Mobile phone: 16 years
World Wide Web: 7 years
iTunes: 6.5 years
Twitter: 5 years
Facebook: 4.5 years
WhatsApp: 3.5 years
Instagram: 2.5 years
Apple App Store: 2 years
ChatGPT: 2 months

3:20 AM · Feb 3, 2023 · 281.2K Views

图 7-1　ChatGPT 获得 1 亿月活用户

如果市场渗透率变化很慢，甚至反复波动，那么反映目标用户对创新产品还有接受度的问题。新兴产品有极大可能不被市场所接受。例如，VR头显在舆论话题上曾经很热，也涌现了大量创业项目，曾经是投资热点。有的风险投资机构成立了专项的VR投资基金。但是，从2012年谷歌展示了谷歌眼镜的原型产品到现在，10多年的时间里，VR头显在大众市场的市场渗透率始终没有超过10%这个阈值。也就是说，VR头显产品10多年过去了还是没有被大众所接受。整个VR头显领域的创业项目及投资成功者寥寥。

7.2　循序渐进，慢就是快

有项目CEO会问：如何设定公司的战略目标、经营目标。他总担心目标低了，团队会不努力，公司发展会太慢。这样想有道理。但是目标设定太高、偏离公司实际条件也不行。

1. 目标设定过高，会导致巨额亏损

目标设定中，大家都听过一句名言："取其上者得其中，取其中者得其下，取其下者则无所得矣。"这句话的含义是，设定更高的目标或期望，可以激励人们取得更好的成绩。它强调了目标和成就之间的关系，即当人们设定更高的目标时，他们会付出更多

的努力，并在这个过程中取得更好的成绩。但是要注意，"取其上"的目标是在公司的资源条件可实现的范围内，并不是脱离实际、不可实现的目标。

一味相信目标设定得高比低好，就会不自觉地把目标设定得偏离实际，结果事与愿违，不仅目标没有实现，公司还会遭受重大打击。

市场不会配合演戏。目标太高，脱离实际，团队就不能达成目标。团队目标达成率低，比如只有 20%、30%。目标是 1 亿元，实际完成 2 千万～3 千万元。那么公司的各种考核也就进行不下去，承诺的奖惩都会兑现不了。老板信誉受损，员工对公司的信心降低。老板信誉受损还不是最可怕的。最可怕的是会给公司带来巨额亏损。

一般公司的费用预算、员工招聘计划都是根据目标配置的。目标设定后，公司正常都会通过分解目标提前配置资源，会提前招聘人员，扩大办公面积，匹配营销费用，找供应商提前下单订货，等等。如果年度收入目标没实现，实际收入远远低于目标，但费用可是真支出了。人工开支高了，还有大量存货、闲置设备、办公室，公司自然要亏钱了。

目标越高，亏得越多，这是融资后要小心的一个坎。

前些年投资热，创业项目融资容易。大量缺乏经验的创业者融到资金之后，看到公司账上一下就有了几百万元、几千万元的现金，心态开始飘了，丧失了一个经营者时刻不能缺少的风险意识。

作者就看到过不少这样的创业者。他们融资后就想着快速扩张，无视盲目扩张带来的风险。大规模扩大团队，换大办公室，开分公司，大手大脚花广告费。表面上看意气风发，欣欣向荣；财务报表显示每月亏损，反映企业运营健康情况的指标——周转、库存、应收账款、短期负债、经营性净现金流都在变坏。每当创业团队内有人提出财务有风险时，创始人往往会说，"别管那么多，现在发展第一，抓机会第一"。或者干脆说，现在就是要"战略性亏损"。老板都这么想，其他人自然就更加放松。不管有用没用，人先招聘了再说。只要能够提高业绩，什么单子都签，客户的什么需求都满足。

结果，收入看似不断增长，但是现金储备消耗速度很快。最终，创业发展的老戏码上演。等到公司资金见底、项目再去融资的时候，投资人一看这样的财务报表，投资欲望下降。项目要么融不到资金了，要么估值被压得很厉害。融不到资金，资金链断裂，公司不得已裁员。接着就是经营失控，危机全面爆发。收入断崖式下降，客户流失，官司缠身。类似的事情屡屡发生。说到底，还是创业者融资之后急于扩张，忽视了公司业务的健康。

创业者看重业绩增长，愿意为业绩增长花钱，不对吗？作为一个投资人，作者也希望看到所投资的项目的业绩能够高速增长，甚至也能够接受投资项目出现亏损。毕竟投资就是为了帮助企业扩大规模，实现业绩增长。可是，要注意两条底线。一是，增长很重要，但是比增长更重要的是公司要能活下去。二是，亏损可以接受，但亏的钱要换来资产。例如，像京东早期亏损那样，换回了物流仓库、车队。或者像互联网产品那样，换回了大量的活跃用户。

2. 循序渐进，慢就是快

有太多项目因为盲目求快而失败了。所以，一些资深投资人就有了一个经验，慢就是快。以此告诫，创业者要尊重公司成长规律，循序渐进，一步步发展。

事实也是如此。伊查克·爱迪思在《企业生命周期》一书中写道：企业走向成熟，就像人一样，要经历几个生命阶段。这几个阶段可以分为婴儿期、学步期、青春期、壮年期等。认识清楚在每个阶段企业需要完成的成长，资源和经营动作到位，公司可以有更短的成长周期。但阶段不能跨越，不能从婴儿期、学步期直接就跨步到壮年期。拔苗助长有害无益。

作者参与过多个项目，经历了从几个人的创业团队发展成为近千人的规模企业的过程，验证过成长需要时间的沉淀和经验的积累。

企业的组织力建设需要时间。一般对于一个 30 人以下的团队来说，管理的重要性不突出。这个时候创业者能够看见团队每个成员的工作。当员工超过 50 人的时候，分工开始复杂，公司内部也开始有了层级。这时公司就需要建立基本的管理制度、经营流程。一般创业者没有把公司从小做到大的经验，相关的带团队、组织力建设知识，往往需要边干边学。如何开会，如何做计划，如何定目标，如何考核，如何定薪酬，这些基础性的管理活动，就需要一定时间才能学会。并且，基本创业者知道了如何管理，团队也需要经历一段时间，在管理制度的锤炼下，形成组织战斗力。

李想第一次创业搞泡泡网的时候，开例会都是自己一个人讲，还怕同事听不懂自己的意图，一个人讲几个小时，然后就让大家去执行。结果，公司离职率高达 50%。后来才明白，开好经营例会是有窍门的。主要就是引导参会者汇报讨论。CEO 要多听，少讲。即便要讲，也是到最后总结性讲。学会听了之后，李想的管理能力一下提升了很多。

开好公司例会，只不过是公司组织力建设、管理水平提升的一小步而已。复杂管理方法、管理流程则需要更多的时间学习沉淀。例如，高水平的财务管理、供应链管理、生产管理等，都需要更久的时间，经历一些波折之后，才能在公司建立起来。

不仅组织管理，公司的竞争力也需要时间来积累。产品需要经历多轮迭代才能成熟。产能、渠道、品牌、技术，要形成竞争优势，都需要长期积累。真正的竞争优势都是积累出来的，不是用钱买来的。

可以说，公司成长的基础题要做好，没有捷径可走。都得一步一步，稳扎稳打，让团队通过循序渐进，锤炼完成。图快，基本功没有练到位，到头来，一定有个坑等在前面，最终不得不花好多倍的代价来补课。

就作者的经验来看，大部分创业项目掉链子，问题就出在基础性工作没有做好，不肯花时间一步一步、循序渐进锤炼基本功。创始人总想找到一条捷径快速成功。企业的基础有结构性的缺陷，结果楼盖高了，就倒了。

7.3 集中资源，力出一孔

一般成熟企业在进行战略分解时，会用到卡普兰和诺顿提出的平衡计分卡（balanced score card）。把企业的战略分解落实到财务、客户、内部运营、学习与成长四个维度。平衡计分卡是一个非常系统全面的目标分解工具。有了这个工具，企业就可以把战略目标分解成内部不同部门的目标，同时，目标之间又能够协调统一。

1. 目标多不如少

实践中，作者在辅导创业阶段的项目时，发现极少有公司这么做战略目标分解。创业阶段的公司更像游戏过关。每一关的火力不同，怪物也不同。一关过不了游戏就结束了。每一关的通关秘诀就是集中精力，解决眼前的怪兽。或许，创业公司只有经历了 0 ~ 10，在业务体系完整、行业稳定的时候，平衡发展才是需要的吧。

0 ~ 10 阶段，更需要创业者识别出眼前的阻碍战略实现的关键课题，然后调动资源去解决。逢山开路，遇水架桥，在无人区开一条路。如果能"走一步，看两步"，提前部署后面解决的问题，那就已经是非常优秀的创业者了。

不用平衡计分卡之类的工具，那应该怎么办？建议创业阶段的公司每年针对需要解决的关键问题设定一个年度经营主题。例如，"管理提升年""流程改进年""渠道建设年""产品创新年""成本降低年"等。企业通过确定一个核心主题或重点任务来引导企业在该年度内进行有针对性的经营活动。通过年度经营主题的方式明确了该年度内的工作重点和核心任务，推动各部门协调资源、集中精力完成任务。有了年度经营主题，还可以激发创新。因为它们鼓励员工思考如何应对挑战和机会，提出新的解决方案，推动公司向前发展。

对于创业阶段的公司来说，面面俱到的多目标不如单一明确的年度经营主题更有成效。

2. 设定年度经营主题需要注意的问题

设定年度经营主题需要注意如下两点。

（1）经营主题应该与公司的长期战略目标保持一致。主题应该帮助实现战略，而不是偏离战略。

（2）主题应该反映当前或即将出现的关键挑战和机会。它们应该是紧迫的问题，能够对公司产生实质性的影响。

从作者辅导项目的经验来看，提炼的年度经营活动主题有两条线索。一是组织成长维度。从管理、团队、效率角度提出主题，如"对标学习××年""管理职业化年""降成本年"等。二是业务体系维度。从打通业务体系、完善商业模式角度提出主题，如"渠道拓展年""短视频突破年""扭亏年"等。当然，具体确定什么主题，还是要围绕着战略目标及战略路径，识别出当前或即将出现的关键挑战和机会来确定。

3. 集中资源，以多打少

创业公司资源少，想要做的事情很多。创业者多半会有"花小钱，办大事"的念想。或者，期望找到一些巧妙方法，用更少的资源投入做成大生意。这种心情可以理解，但不可取。要知道，以多胜少才是规律，以少胜多是奇迹。山穷水尽的时候，才期待奇迹。战略思考追求的是无功而胜，依据的是必胜规律，而不是奇迹。

创业公司的基本特点就是资源少、团队弱。整体上当然做不到以多打少、以强击弱。但局部可以，特定的事情可以。只要集中资源于一孔，创业公司也可以"以多打少，以强击弱"。

1998年华为经过多轮讨论制定了《华为基本法》。其中第二十三条谈到资源配置，规定："我们坚持'压强原则'，在成功关键因素和选定的战略生长点上，以超过主要竞争对手的强度配置资源，要么不做，要做，就极大地集中人力、物力和财力，实现重点突破。"

用任正非的话来说："在华为创业初期，除了智慧、热情、干劲，我们几乎一无所有。从创建到现在华为只做了一件事——专注于通信核心网络技术的研究与开发，始终不为其他机会所诱惑。敢于将鸡蛋放在一个篮子里，把活下去的希望全部集中到一点上。"他强调："通信市场是很大的，若我们各方面都投入肯定受不了。我们就集中力量打歼灭战，突破一个点，把人力、物力、资金集中在这一点上。在这个点上做到与外国公司同样的先进。这样就可撕开一个口，撕开一个口就有市场，有市场赚了钱再加大投资，加大投资又会有更大的突破，有突破又会有更多的市场，这样就会形成一个良性循环。如果我们的产品持续领先，如果有很大的市场，我们就像印钞票一样，大量拷贝软件，这样成本就降下来了，利润就会增长，企业就有生机。"

任正非的话不仅适用于华为。"集中资源，力出一孔"是成功创业的普遍原则。火锅市场经过几十年的发展，可以说已经是红海。行业也产生了海底捞这样的领导企业。海底捞 2022 年有 1371 家门店，收入达 347.4 亿元。就在这样的格局下，九毛九在 2020 年 8 月创办了"怂火锅"品牌，仅用三年时间，2023 年营收超 8 亿元。海底捞以变态级服务闻名。海底捞的多元化服务能够满足不同年龄段的顾客需求，顾客群体涵盖各个年龄段。怂火锅则集中资源，专门针对年轻客户。明确以"开心"为餐厅氛围塑造点，提供的不仅是与吃相关的服务，还附送超近距离舞台秀。在怂火锅癫狂式劲歌热舞表演的面前，海底捞的变态服务只能算热情。

对比一下，海底捞拥有行业龙头地位，资源雄厚，在广泛的客户群中建立了服务好的口碑。怂火锅比资源，当然是比不过海底捞。比品牌影响、店面位置、菜品丰富性、供应链，这些方面也比不过。但是，通过集中资源、力出一孔，在年轻人的特定感觉上，怂火锅做到了更强。因此，怂火锅才能高速成长。

7.4 创业实现 0 ~ 100 的六个战略阶段

总结作者辅导的项目，创业实现 0 ~ 100，要经历六个阶段：探索期、破局期、聚焦成长、商业闭环、资源成长、建立壁垒。每一个阶段，都有创业公司没能成功跨越，以致被淘汰出局，如图 7-2 所示。

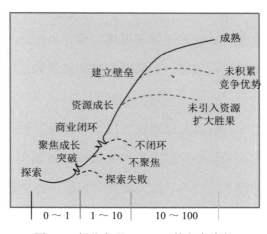

图 7-2 创业实现 0 ~ 100 的六个阶段

这六个阶段，代表了创业公司的成长过程。每个阶段都伴随着不同的挑战和目标。

阶段一：探索期。

创业者探索市场，逐步锁定商机。主要任务包括市场研究、问题定义、解决方案构思和初期创业思路验证。这是创业公司的起点，通常由创始人或创业团队发起。

在这一阶段，创始人注意要多跑市场，多直接接触潜在客户，建立起对市场、客户的感性认识。了解一手客户信息和二手数据资料，摸清楚市场真实需求。人们常说要有用户思维，要学会从用户视角看产品。创始人直接接触客户，就是了解用户的基础。用户的大量需求信息，特别是用户的购买动机，仅仅通过分析数据、听同事报告是得不到的。

在这一阶段，创始人还要调研供应链、渠道，与供应商、分销商等合作伙伴进行沟通，了解供应链和渠道的运作方式，探讨合作模式。

在这一阶段，创始人还要研究技术可行性。创业者需要评估技术的成熟度、可行性，以及是否能够满足市场需求。同时，他们还需要考虑技术的成本、研发周期等因素，以确保技术能够为公司的长期发展提供支持。对于技术型创业公司来说，技术可行性分析尤为重要。

这一阶段，创始人还要分析商业可行性。也就是说，创业者还需要算一算账，通过建立财务模型分析项目是否具有商业价值。

经历探索期，创业者验证创业构想，熟悉市场。如果顺利找到了突破点，项目就会进入下一个阶段。如果创业构想验证失败，感觉思路不可行，创业项目就结束了。

阶段二：突破期。

一旦构想验证完成，创业者发现了突破点，创业公司就会进入突破期。突破期的主要任务包括产品原型开发、试点测试、初期客户获取和获得初期融资。

这是关键的生存阶段，需要验证突破点是否真实存在、产品性能能否达到市场要求，并且，进一步厘清创业战略：

（1）明确用户痛点，清晰化公司价值定位。

（2）更深入了解市场竞争，建立赛道地图，以制定创业战略路径。

（3）迭代改善销售和市场推广，以吸引更多客户。

（4）维护核心客群，通过早期用户提供的宝贵反馈，帮助公司改进产品。

在这一阶段，需要注意不被过多的用户反馈信息牵引，开发过多的产品或功能，把公司搞得太复杂。作者见过突破期项目在收到用户订单并且融资成功后，心态膨胀，感觉赚钱很容易，什么都做，搞得公司丢掉了产品线。

阶段三：聚焦成长期。

一旦突破点验证成功，产品基本功能成功被客户接受，创业者就要主动收紧团队，把资源聚焦在战略路径上。围绕价值定位、核心客群、产品品类、商业模式迭代产品，延伸拓展客户，建立品牌和提高市场份额。

公司在这个阶段业绩通常会快速增长。这时也是获得 A 轮融资的合适时机。

在这一阶段，创业者需要提醒团队要聚焦。作者辅导项目时发现，这个阶段的公司往往因为业务快速增长，需要招聘大量的新员工。人多之后，意见就多。公司 CEO 不明确聚焦、不强调聚焦，资源会自发分散。如果创业者自己也忽视了聚焦问题，只看眼前的需求，或者照顾员工的先发，那企业很快就会搞出来一堆产品，发展各式各样的客户。结果，公司整体效率不断下降，发展速度逐渐放缓，被跟进的竞争对手超越。

阶段四：商业闭环期。

在这个阶段，公司开始寻找商业盈利模型，并关注持续盈利。主要任务包括优化成本结构、制定收入模型、建立合作伙伴关系和提高盈利能力。创业公司也通过追求利润提升团队管理意识，夯实公司基础流程、工作标准。

如果顺利建立商业闭环，公司就形成了可持续的商业模型。现在是商业社会，好项目融资容易，创业者通过融资轻易就能获得大量的可使用资金，这就难免会让很多人滋生商业闭环不重要的思想。从众多项目的惨痛教训来看，作者还是建议创业者即便一开始不把赢利、建立商业闭环摆到第一位，至少也要在大规模资源投入之前建立商业闭环。

只有商业闭环了，公司才真正可以持续发展。而且，追求利润、建立商业闭环的过程也能够检验公司商业模式，夯实公司管理基础，发现铺张浪费、跑冒滴漏等公司管理漏洞。管理基础扎实，公司到了行业淘汰赛阶段，才能活下来，甚至跑起来。

阶段五：资源成长期。

公司在这个阶段开始寻找更多的资源，包括融资、人才和资产。重点放在优秀人才规模、广告投放规模、融资规模、生产能力建设，在这几方面领先竞争对手，才能抢占或巩固头部地位。

马太效应决定，资源会向头部公司集中。创业公司如果建立了良好的基础，通过一个阶段的持续大规模资源投入，既能实现业绩增长，也能抬高竞争门槛。一些消费品品牌创业项目就是在这个阶段，通过持续几年的大规模广告投放占领用户心智，巩固了领先地位。

微信支付、支付宝2014年补贴大战，腾讯和阿里各自投入数十亿，加速了移动支付行业发展进程。其他移动支付公司由于跟不上这种资源投放力度，市场份额就被微信支付、支付宝远远地甩在后面。曾经有科技公司在行业爆发增长的关键年份把国内某大学的相关专业毕业生全部招聘进入公司。通过垄断人才，让竞争对手人才断档，实现巩固了领先地位的战略目标。

在这一阶段，找钱和花钱能力要经受考验。

阶段六："要塞"建立期。

这一时期，创业经历时间的积累、市场竞争的洗礼，创业战略设计的支点开始成形，逐步成长为业务竞争"要塞"，甚至有了护城河。竞争"要素"可以起到保护公司市场份额、维护公司商业利益、支撑公司多领域扩张的作用。

品牌、渠道、供应链、用户网络、研发能力、知识产权等，有价值、稀缺、难以复制、难以替代的价值环节，都有可能成为企业的竞争要塞。创业公司建立竞争要塞之后，公司就逐渐巩固了其市场地位。

一旦顺利通过了这六个阶段的考验，创业公司便走向成熟。经历完六个阶段，通俗地说，就是完成了从 0 到 100 了。认识清楚六个阶段的关键任务和资源分配重心，创业者可以结合公司的实际情况，"到什么山唱什么歌"。实现不走弯路，顺利成长。

7.5   创业是有节奏的长跑

通常，创业公司走向成熟，需要 8 ～ 10 年。百米赛跑，一开始就要全力冲刺，但是长跑就要讲究节奏，不能一味求快。创业公司的成长是一个长时间的过程，像长跑一样，要讲究节奏。

但凡生命体都有一些固有的节奏。人的呼吸有节奏，吸气、呼气有规律地交替进行。人的心跳有节奏，心脏收缩和舒张按照固定的节拍交替转化。人每天也有节奏，睡觉、三餐、活动按照基本固定的规律循环交替进行。军人在行军时，为了保持队形整齐，士兵通常会按照指令以相同的速度和步伐前进。有节奏的列队行进有助于提高军队的纪律性和士气。

在篮球、足球等团队竞技项目中，节奏感往往是球员的重要能力。作为 NBA 赛场上少有的白人球星，东锲奇速度不快，弹跳能力也不突出。但他擅长寻找节奏的变化，并通过运球和脚步的探索晃开对手完成进攻。他很少飞天遁地，而是通过技巧性十足的投篮或抛投结束进攻。节奏感是东锲奇重要的能力。

创业节奏体现在从 0 到 100 的环节转化上。也就是在创业的六个战略阶段环节清楚、转化清晰。创业战略也体现在某一阶段的业务和管理工作上。业务也要有快与慢、攻与守、创新与保守的变化。企业在各个战略阶段有一些目的相同但做法对立的策略，如：

（1）"扩大团队规模，招更多的人，干更多活"与"不招人，通过提高效率、工作强度干更多活"。

（2）"开发新产品，找新客户，扩大规模"与"做好老产品，提高性价比，通过提高老产品的竞争力扩大规模"。

（3）"打破条条框框，发挥员工的灵活性，及时响应用户、供应商的诉求"与"做事要有规则。制度不对，先改制度。严格按照流程制度做事情，保证制度严肃性、稳定性"。

（4）"机会难得，要大胆花钱，抢市场"与"钱要花到刀刃上，不浪费，不冒进，一步一步来"。

以上四组是作者辅导项目时常常听到的企业内部分歧意见。单独拉出来看，每一条意见都有道理。放到一起看，意见之间是矛盾的、对立的。有的公司甚至因此造成团队冲突、分裂。其实，如果从创业节奏角度来看，这些对立做法就像呼气与吸气，看似矛盾，却是合在一起才构成完整的呼吸。任何公司的创业历程都不可能只用其中一方意见，而是通过交替采用对立做法的方式让组织平稳发展。

创业者在把握公司发展节奏时，意识到有些工作看似矛盾，其实是对立统一的。在实操中，按照一定的规律交替应用对立观点，那就有了节奏。有节奏，交替使用看似对立的做法，企业整体才平衡，才能平稳实现战略目标。

著名企业家通威股份创始人刘汉元分享他的经营经验时，用开车打比喻。他说："有一台好车放在你面前，不会开车的是'傻子'；会开车但一直踩住油门不放的，也是'傻子'。关键的问题在于把握车况、路况，以及明白自己究竟想要干什么，这样才能在一个平衡的状态下找到一个合适的速度，朝着你既定的方向连续地、稳定地前进。"

《华为基本法》起草人之一黄卫伟在评论任正非的管理时说："我们要理解他背后的思想和管理哲学。他就是要让组织在稳定与不稳定、平衡与不平衡之间交替进行。请注意，是交替进行，就是一个时期会解决一个主要矛盾，坚持一种主要倾向；而在下一个时期，他又会转到一个对立的方面去，转到看似相反的方向，这就是华为的特点。大家不要觉得华为老折腾，这个大公司如果不折腾就到了快死的时候了；当然，大公司瞎折腾也不行，也是到快死的时候了。"

第8章　设计竞争支点

多数项目完成创业战略前六步，就确定了科学的战略目标和正确的战略路径，公司都能有一个高速发展期。但是，如果想做成一家一流公司，成为行业龙头，那就还不够，还需要设计竞争支点。并且，在公司成长过程中要长时间、持续投入资源去建设与巩固支点。通过时间和资源的累积，把支点逐步变成竞争优势，甚至"护城河"。

所以，创业战略制定的第七步是设计竞争支点。

8.1 有"要塞"保护的业务才完美

去欧洲旅游做深度游，参观城堡是很多人的必选项。城堡一般都选择建在山上。城堡的建筑材料通常都是厚重的石头。最让人惊叹的是这些城堡的建筑时间。中国人印象中建一个房子，也就几年时间，建一栋摩天大楼一般也就5～8年。上海中心大厦——中国第一高楼、世界第三高楼，2008年11月开工，2016年3月建成，建造耗时7年5个月。可是这些城堡的建造用时少说也有几十年，多的耗时一两百年。当然，这些城堡也不是等完全建成了才住人。而是边使用，边建造。

花几代人的时间在山上用厚重的石头建造城堡，当然主要不是为了人住得舒服。为了居住舒服，就不会选择在交通不便的山上建城堡。这些城堡有着居住和军事据点的双重功能。山势结合巨石构建的建筑群经过长时间的精心打造，构成易守难攻、固若金汤的城堡。有了城堡，领主就能够在领地面临外族入侵时生存下来。有了这样易守难攻的城堡做支撑，领主家族的好多代人都能过上贵族生活。

建立城堡要耗费很长时间，花费巨大人力、物力。但是比较起来，能让领主家族世代过上贵族生活的收益更大。商业领域与此类似，好生意迟早会迎来竞争。创业者发现一个创业机会，经过千辛万苦的探索，才能成功建立业务系统来开发机会，获取商业利益。市场的开放性决定创业者的成功，必然会吸引来竞争者。创业者想要在竞争中保护自己的商业利益，也得早设计竞争支点，并围绕竞争支点持续投入资源，建成"要塞"。

乔布斯凭借天才的商业眼光，把手机、互联网融合在一起，开创了智能手机时代。iPhone1、iPhone2、iPhone3、iPhone4，每一代手机都有重大创新，通过这些创新吸引全球的手机用户改变习惯，转而使用智能手机。可以说，早期的苹果手机就是依靠不断创新开创智能手机时代，并且夺得手机市场王座。

而后乔布斯时代，iPhone越来越被人诟病"挤牙膏"，缺乏创新。在续航、屏幕显示、拍照等方面，进步速度还落后于安卓阵营。然而就是这没有创新的iPhone，依旧稳坐全球高端智能手机市场的头部，还是世界市值最高的公司，2011—2021 年，股价涨了 10 倍。

为什么苹果手机能够长时间保持这么好的业绩？作者认为，关键在于苹果手机依靠 iOS、iCloud 等软件构建了一个以用户数据为底座的生态，使用户迁移成本很高，很难下决心抛弃苹果手机，使用其他品牌的手机。

"知乎"上有苹果手机用户认为，自己不想换其他手机的原因主要是数据和生态两方面，切换起来成本太高。

（1）数据。长期使用 iPhone 的一个结果就是无论是照片还是应用数据的积累量都变得相当可观，iPhone 换机可以直接用 iCloud 进行无缝同步，但如果要换到安卓，备份、转移 iPhone 数据的过程就变得非常烦琐。即便用一些转化软件进行转化，也会丢掉一部分数据。

（2）生态。如果手头有多种苹果产品，如 iPad、Apple Watch、Macbook，那么这些硬件产品都可以通过 iOS 交互，这种系统生态体验相当出色。要替换掉 iPhone，就不仅仅是手机使用习惯要改，整个数码产品体验都会有非常显著的下降。而重新更换所有设备的成本同样远超换掉一部手机。

中国是全球智能手机主要生产国，有多个实力很强的手机品牌。国内苹果手机用户换其他品牌手机还有那么多顾虑，国外苹果品牌力更强，还有丰富的苹果服务（比如 Fitness+、Apple TV），用户的转化门槛就更高了。股神巴菲特崇尚价值投资，选股看重公司有没有"护城河"。他应该就是在看到了苹果公司从一家依靠创新的科技公司变成了具有用户垄断力的消费品公司后才投资苹果的。从 2016 年开始，巴菲特年年买入苹果公司股票，累计投入 360.44 亿美元，持有苹果 5.4% 的股份。事实上，苹果公司股票成为巴菲特最近 10 年最成功的投资。

值得注意的是，围绕 iOS、iCloud 建立封闭生态是乔布斯做的战略决策。虽然早期的 iPhone 依靠一代代推出创新功能征服用户，但是这个竞争支点却是乔布斯一开始就设计好的。随着时间的推移、用户数据的积累，沉淀在生态上的应用日益丰富，支点就变成了"护城河"，为苹果公司带来了持续的、源源不断的利润。

8.2 把支点建在可积累的价值环节上

城堡作为军事要塞、防御据点与区域控制枢纽，古代欧洲人在选择城堡的地点时，以下三个因素通常是考虑的重点。

一是地形。城堡通常建在地势较高或陡峭的山地，这样可以提供更好的视野和防御。

二是交通。城堡的位置需要考虑到交通便利，以便与外界进行联系和贸易。通常，城堡会建在交通要道上，如河流交汇处或主要道路附近。

三是资源。城堡需要大量的物资维持其运转，如食物、水源和木材等。因此，城堡通常会建在有丰富资源的地区，如森林、河流或矿藏附近。

类比城堡地点选择因素，商业领域竞争支点的选择也要重点考虑以下三方面。

一是可积累。支点要建立在底层规则长期不变、可以积累的环节上。比如，对 B 端客户来说，低价、高质量、交期短是长期不变的底层规则。大规模生产可以带来低成本，低成本形成价格优势，又带来更大规模，更大规模又带来更低成本。因此，大规模生产能力可以是企业战略选择的支点。

二是有价值。支点应该是企业商业模式价值循环链中的一环，并且对用户购买决策有显著影响。京东电商的物流就是一个例子。京东持续大规模建设物流网络，赋予了京东电商当天下单、当天送达的价值点，满足了用户对快捷的需求。

三是有资源支持。周边环境中有可获得资源，支持持续支点建设。Shein 把总部迁到广州很重要的原因就是，广州有非常丰富的纺织行业供应链资源，能够支撑 Shein 把支点建在快速反应的供应链上。华为的研发体系是公司竞争支点。华为在全球建立了

16个研发中心，北美洲 2 个，亚洲 4 个，欧洲高达 10 个。华为海外研发中心主要分布在高等教育发达、顶尖科研人才众多的国家，这样有助于华为吸纳全球各领域顶尖科研人才，不断巩固华为研发竞争力。

竞争支点要选在可积累、有价值、有资源支持的环节上。具体在什么环节合适，就要看行业和公司自身条件了。现实中存在多种多样的选择。品牌、供应链、管理模式、渠道、研发、关系资源、文化、专利、服务、营销体系、资金、生产方式等都有成功建立起竞争支点的案例。

娃哈哈的竞争支点是它的渠道。娃哈哈精心组织了近万经销商、数十万批发商、数百万销售终端的一个分销联销渠道网络，像毛细血管一样，深入中国的各个乡村。依靠这个庞大的销售网络，娃娃哈集团可以面对可口可乐的垄断，把非常可乐这个产品一年卖几十亿元。虽然我们在城市基本上看不到非常可乐，但是在可口可乐的渠道渗透不下去的乡村市场，就是非常可乐的天下。

茅台酒的竞争支点是其品牌。茅台集团经过长期的营销广告成功地把茅台酒从一个好酒的商标塑造为商务社交名片。在重要的商务接待上，不管喜不喜欢喝白酒，总要摆上茅台酒，以表达接待方的诚意。茅台品牌占据独有的社交名片的心智位置，就可超然面对白酒市场竞争，茅台的业绩就只和经济大环境相关了。

规模效应在汽车行业明显。现在新能源车市场技术进步速度很快，新车型的创新技术还是重要的竞争点。但是可以预见，再过 3～5 年，技术进步放缓，规模优势就是最重要的竞争优势。战略能力突出的新能源车企如理想汽车，在开发车型 L9、L8、L7 时，就采取"套娃"模式，车型外观尽可能类似，以更多的通用件建立规模优势。2023 年，理想汽车是除了特斯拉、比亚迪之外，唯一赢利的新能源车企。

互联网时代的到来催生了新的行业，也大大丰富了竞争支点的类型。PC 互联网、移动互联网、物联网把人和各种终端都连在一个网络上。生产数据、使用数据、交易数据、用户关系现在都被记录在互联网上，这就产生新的可以建立支点的环节。例如，腾讯公司过去以 QQ 为支点，现在以微信为支点，通过锁定 10 亿用户的关系网络支撑起游戏、视频、企业服务、广告等高毛利业务。

苹果公司的 iOS 和 iCloud 串联苹果产品形成生态。同时，还沉淀用户照片等数据，提高用户转化成本。iOS 和 iCloud，一个是跨平台操作系统，一个是云服务，构成了苹果的竞争支点。微博、抖音等平台通过内容和粉丝的积累获得了竞品难以超越的竞争优势。

8.3 "流沙"上建支点很危险

流沙也就是可以流动的沙，是一种自然现象。流沙表面看上去和正常的沙地没有什么区别，但是当重物置于流沙之上，就会沉到底部。在电影塑造的场景中，流沙是一个能把人吸入无底洞的大怪物。人们一旦身陷其中往往不能自拔，同伴只能眼睁睁地看着受困者顷刻间被沙子吞噬。

某些商业价值环节就像"流沙"一样，没有稳固的根基，会吞噬资源。公司制定战略、设定竞争支点的时候，要避开这样的价值环节。

常见一些 to G 类型的项目，创业者把政府关系作为支点来设计。虽然，经营 to G 项目的企业的客户关系能力强弱对于能否拿到订单影响很大，但是，这类关系就像"流沙"一样，缺乏巩固的基础。关系人工作岗位变动往往让企业维系关系所投入的资源一夜归零。而且，"关系"不通用，换到其他地方，优势就变成了劣势。

安防行业是典型的依靠政府采购的行业。海康威视 2001 年成立，是中国安防行业龙头企业。它成功的关键选择是不把支点建在"关系"上。海康威视的三位创始人陈宗年、胡扬忠和龚虹嘉都是来自华中科技大学的校友，分别拥有技术、市场和管理方面的专业背景和经验。从公司成立起，海康威视就重视技术研发和渠道建设，把技术研发、渠道作为支点。在早期，海康威视的主要业务是基于 MPEG4 标准的板卡产品，由于产品性能优越且价格实惠，板卡产品很快在市场上得到了认可。随着安防视频监控行业的技术不断更新换代，海康威视也不断研发出新的产品，如 H.264 标准的压缩板卡和摄像机产品。这些新产品不仅在性能上领先同行，而且价格合理，使得海康威视在行业内获得了很高的市场份额。除了产品研发，海康威视也非常注重市场营销和渠道建设，通过与代理商和系统集成商合作，营销渠道基本覆盖全球。

在消费品电商领域，典型的支点设计错误就是把流量玩法当成支点。淘宝天猫电商投流有技巧。投流好的电商团队往往能够为公司节约大量营销费用。做抖音电商也一样，直播卖货、短视频引流的技巧对商品业绩也有很大影响。流量玩法对业绩影响大，但是因此把流量玩法当成支点，却是一个重大战略错误。一些创业电商公司为此付出了惨痛代价。

作者接触过一个功能食品创业公司，该公司创业做中式减肥餐这个新品类。用过该公司产品的消费者普遍反映好吃，减肥效果也好。这家公司创新的产品极大地改变了其他类型的减肥餐菜品简单、难以坚持的问题，因此也被用户评价为最好坚持的减肥餐。投资机构也比较认可这个赛道，投资了该项目几千万元资金。拿到资金后，该公司的发展反而不再顺利。出于尽快提高销量、占领市场的想法，创业者把资金用在了玩转平台流量上，操刀流量投放的团队换了好几茬，模式也试了好几种，业绩却并不好。

这个项目的问题其实是很简单的。无论是在淘宝天猫还是在抖音上，流量分配权都由平台方通过程序精密控制着。并且，流量分配的规则算法每隔几个月还会调整。平台改变流量分配算法的目的就是防止有人能够摸透规则，利用规则获得长期超额收益。算法规则常常变，导致流量运营的学费往往是白花的，能突破平台流量算法限制的，要么是出现现象级 IP，如董宇辉，要么是品牌营销能力突出，用户能够指名购买。把支点建在流量上，相当于把房子建在流沙上，无法积累任何有价值的资源。不管公司花多少流量费，只要费用一停，流量就没有了。不管过去投流手多精明，算法一变，又要从头去摸索。摸索过程中，如果不小心触碰了平台规则，还会被封店、封号，带来灾难性后果，公司积累多年的客户、粉丝都有可能流失。

还有些创业者把用户洞察力当成战略支点，对于用户需求有敏锐的洞察。这往往是创业者的一项优势。李想创办理想汽车的一个优势就是：他做过汽车之家，对中国车主的需求非常了解。事实上，理想汽车能够在造车新势力中脱颖而出，也的确得益于李想对家庭用车需求的精准把握。不过，用户洞察也不是可以长期积累的价值环节。用户洞察力比较依赖个人天赋，资源累积带来的效果不明显，会随着年龄、职务、追求的变化而变化，个人能力还会变得越来越不可靠。所以，这也不是好的竞争支点。

还有些创业者把创新模式确定为公司的竞争支点。某饮料公司在创业初期采用游戏行业常用的模式，组织年轻人快速推出新品，测试市场反馈，再根据反馈数据，筛选产品的模式。通过这种模式，成功找到了无糖气泡水这样的创新爆品。无糖气泡水的成功为该公司带来一段时间的高速发展。但是，公司试图把这种模式作为公司竞争支点，指望依靠这个模式不断产生爆品、支持公司持续增长的时候，困难降临。该公司后来消耗巨资搞了很多新品，但再也没有找到能畅销的新品。随着具有品牌和渠道优势的竞争对手跟进推出无糖饮料，公司面临极大的困难。

饮料行业不同于科技行业，技术迭代更新速度并不快。行业竞争的焦点是渠道、品牌、供应链。饮料公司快速推陈出新，搞不好会弄巧成拙。该饮料公司把竞争支点放到开发模式上，想通过持续推出新品让公司持续发展，自然事倍功半。

而且，商业模式是可以模仿的。可以被复制模仿的东西就难以成为核心竞争力。指望把竞争支点建立在服务模式、管理模式、生产模式、研发模式、供应链模式上，通过投入获取优势，长期来说都是行不通的。

真正可能成为支点的，是模式所连带产生的有复用价值的资产。比如，连锁模式所开的遍布大街小巷的门店；网约车模式下加入平台的专车数量及用户规模。这些资产因为时间积累形成，是既有价值又难以复制的资源。这样的资源才可以被认定为竞争支点。

8.4 主动取得先发优势

创业要创新。如果说创新在动作上是做别人没有做过的事，那么在商业意义上就是为了获得先发优势。那么先发有什么优势？Marvin B. Lieberman 和 David B. Montgomery 1988 年发表了经典论文 *First-Mover Advantages*，探讨了在市场竞争中先发进入的公司可能获得的优势。先发优势提出之后，引发学术界和企业界广泛讨论，现在已经形成了一定的共识。

（1）先发者可以优先抢占重要资源，如用户心智、头部客户、关键渠道、稀缺牌照等。先发者还可能先获得规模优势，首先建立用户锁定机制，提高用户迁移成本。

（2）先发者也有劣势。需要教育市场付出额外的教育成本；需要付出试错成本，产品设计、价值定位面对诸多不确定性，需要探索；开发成本高，供应链、设备往往都要自己培养。

（3）先发优势的不确定性。尽管先发优势理论上可以带来显著的竞争优势，但如果先发企业在经营中没有主动实现先发优势，那就没有优势。比如，一些创业者搞出创新产品后，没有先想办法开拓优质的头部客户，而是先做低端的小客户。事实上就是放弃了先发者抢占重要资源的机会。

（4）先发劣势是确定的。先发者无论是否能够实现先发优势，先发成本是必须付出的。教育市场、产品试错、商业模式试错，以及培养人才、供应商等，都是先发者必须付出的成本。

知道了先发优势的理论研究成果，就很容易理解为什么企业界有反创新的创业模式。这类创业者信奉"不敢为天下"。例如，段永平就公开说，他的座右铭是"敢为天下后"。他们在行为上，对新事物非常敏感，会时刻关注全球相关领域涌现出来的新产品、新模式。他们看到新东西会想办法尝试体验。如果觉得创新有商业价值，就会马上行动，学习仿制。虽然他们个人喜欢新事物，可是他们创办的公司行动上却较保守，不愿意做无人做过的创新，不会主动开发市场上还没有的产品。

作者和周边旅行业一个奉行这种创业思路的北京创业者交流过。公司疫情前融资 2 亿元，在短短 3 年时间团队发展到 500 多人，并且占领了行业 80% 的市场，成为行业的绝对领导者。在聊到他创业的成功经验时，他非常肯定地说：他喜欢新东西，但他不做开路者。就这个行业而言，最善于创新的是南方创业团队。南方的同行往往能搞出新功能、新玩法。比创新，公司是比不过南方同行的。公司之所以能够笑到最后，成为行业的绝对老大，就在于他采取了一个简单、必胜的创业做法。这个做法就是关注南方同行的产品，研究对手的创新。一旦感觉对手的创新有效就快速模仿，在对手成长起来之前利用北京钱多、互联网人才多的优势，通过投入比对手更多的资源、组建比对手大得多的团队，抢占市场，先获得规模优势。

现实的创业者并不像媒体讲的那样都是开拓者。我观察到各个领域都有"敢为天下后"的创业项目。真正的创新者付出极大心血和成本，一不小心搞出来的创新验证了的市场，被别人摘了成功的果实。

那创新型创业者应该怎么做？首要的是创新型创业者要知道，好生意一定会引来竞争者。对市场的残酷性要有预期，不能心存幻想。所以，一开始就要做好专利保护，而且，还要主动发挥先发优势，抢占稀缺资源。大疆无人机就是这样一个创新型创业项目，利用先发优势，从占领关键资源切入获得成功的案例。

大疆董事李泽湘在 Phantom 无人机引爆市场之前，曾去美国硅谷咨询过红杉资本全球合伙人迈克尔·莫里茨。莫里茨告诉他，要做一个国际科技品牌，最好先从硅谷市场开始。因为，硅谷是世界科技产业核心地带，是科技人才最为集中的地方，占领了硅谷市场，就占领了科技品牌的制高点。后来，大疆就通过沈向洋（曾担任微软全球资深副总裁）把一些样品给了比尔·盖茨，然后又通过莫里茨送给硅谷的科技大佬。通过让硅谷的科技大佬先玩起来，影响他们公司的员工，继而影响整个硅谷科技圈。硅谷市场打开了，硅谷的科技人都玩起来之后，就真的影响全球。硅谷无疑是科技高地，是稀缺的优质资源。在硅谷打开了局面，就具有了品牌势能，开拓其他地区就容易了。后来大疆无人机成为世界消费无人机领域的领导品牌，占据全球 70% 的市场份额。

8.5 从优势到"护城河"

能在支点上建立起竞争优势的创业企业是优秀的，如果还能够顺势建立起保护优势的"护城河"，让公司长期获得竞争优势，就属于一流的企业了。

竞争优势是指公司相对于竞争对手在某些方面具有优势，使其能够在市场上获得更好的业绩。这些优势可以包括技术创新、品牌知名度、成本效率、质量管理、供应链效率、渠道网络等。竞争优势使公司能够在市场上脱颖而出，吸引客户并实现盈利。

"护城河"来自巴菲特的比喻，是更进一步的竞争优势的概念，指的是公司拥有一些特殊的保护机制，控制支持优势的资源，不让竞争对手获得或复制优势，以帮助其保持竞争优势。这些保护机制可以包括专利、品牌忠诚度、网络效应、规模优势、专有技术、法规限制等。护城河类似于一道难以攻破的壁垒，保护竞争优势，并使其更持久。

能找到优质木材做家具的企业有竞争优势。如果企业还独占了产优质木材的那片森林，就是有了护城河。企业通过技术创新带来产品的性能优势，搞出畅销产品。如果还通过大量申请专利建立专利墙，垄断了整个技术路线，就是有了护城河。丰田在混合动力车这个赛道上，就是经典例子。

混合动力是世界汽车领域的一个重要细分赛道。在混合动力赛道上，丰田是最为重要的参与者。1997 年，丰田推出丰田普锐斯 Prius Hybrid，这是世界上第一个大规模生产的混合动力车型。Prius 的动力系统是一种油电混合动力系统，它结合了内燃机和电动机的优点，能让汽车同时兼顾低油耗和高动力。1997 年量产上市，2008 年销量达到 100 万辆。

丰田混合动力系统的核心组件包括内燃机、电动机、电池、控制系统和变速器。其中，变速器是一个关键组件，用于协调内燃机和电动机的工作，以最大程度地提高燃油效率。丰田混合动力系统的这个变速器通过一组行星齿轮有效地将动力从内燃机和电动机分配到车轮上。这使得混合动力汽车可以在内燃机和电动机之间无缝切换，并充分利用每个动力源的优势。

混合动力车型市场表现优异当然会吸引其他汽车公司参与竞争。但是，丰田构筑的专利墙牢不可破，曾让许多想开发混动的车企苦不堪言。在数万项专利保护下，丰田的混动系统领先全球其他车企20多年。直到最近这几年，在动力电池技术发展的带动下，插混技术日益完善。插混技术路线不需要行星齿轮变速器，是一条新的技术路线，这才突破了丰田的专利技术优势，让丰田混合动力车型风光不再。

我们来看看可口可乐是如何阻击维珍可乐的。

英国维珍集团创始人理查德·布兰森（Richard Branson）在他写的《商界裸奔》一书中，讲述了维珍可乐（Virgin Cola）被可口可乐击败的故事。

1994年，维珍可乐成立。碳酸饮料市场竞争激烈，早就形成了可口可乐和百事可乐双寡头竞争格局。可口可乐在全球市场都是领导品牌。维珍可乐初期通过创新的战略打开了英国市场，产品上改进可乐口感，推出具有明显维珍品牌特点的广告和包装。市场进入策略采取从酒吧和餐饮业切入，取得成功后，再进入超市这个饮料行业主渠道。

由于创业战略对路，在维珍品牌及布兰森个人影响力加持下，维珍可乐前期发展非常顺利，高峰时期占了英国可口可乐市场的10%。维珍可乐的发展后来引起了可口可乐的注意。1997年，可口可乐公司成立一个"特别行动组"专门针对维珍。可口可乐的特别行动组利用可口可乐的品牌优势和规模优势阻击维珍可乐。先是拜访了所有的瓶装厂，表示不希望看到可口可乐的瓶装厂生产维珍可乐。由于这些瓶装厂的生计不仅依赖可口可乐公司出品的可乐，还依靠可口可乐旗下的其他饮料，例如雪碧、芬达、美汁源。可以想见，有规模的瓶装厂家别无选择，只能抛弃维珍可乐的业务。无法获得优质瓶装厂的支持，维珍可乐的供应链成本大大增加。并且，可口可乐在英国市场上开始打折销售，价格甚至比瓶装水还要低。这样的价格又是维珍无法承受的。维珍可乐的资金流受到重大打击。特别行动组还威胁和暗示零售商，如果后者继续备货维珍可乐，可口可乐公司就会撤回可口可乐冰柜，可口可乐产品也会撤出同一品牌的所有连锁零售商店，逼迫渠道选边站，把维珍可乐从市场上排挤出去。

在可口可乐的全方位打击下，维珍可乐销量不断下滑，在2001年退出了市场。布兰森自己总结，在饮料市场上，向可口可乐公司开战，是他犯下的最严重的商业错误之一。他开始认为，可乐是年轻人喜欢喝的一种饮料，市场很大。推出维珍可乐是一个好主意。忽略了可口可乐可不仅仅是生产商。可口可乐拥有饮料行业最大的规模优势，而且可口可乐品牌在人们心智中有不可撼动的地位。人们在购买可乐时，甚至都习惯性地说"Coke"。

当然，从维珍可乐和可口可乐这个实战案例中，作者认为也可以认识到可口可乐公司的护城河。百年积累的品牌以及规模带来的渠道、供应链控制力，构成了可口可乐竞争要素。

可口可乐的竞争要素，在中国市场上，一样保护着它的商业利益。娃哈哈推出非常可乐时，首先考虑的就是能否避开与可口可乐的竞争。幸好，娃哈哈如毛细血管的渠道网能渗透到中国市场的边远乡村，可以避开可口可乐覆盖的城市市场。非常可乐通过避开与可口可乐的正面竞争，做可口可乐不做的市场，才取得长期成功。

第9章　制定要点与执行

战略是企业的生死存亡之道。企业制定战略的目的是在变化的环境中，为企业找活路。创业战略是战略的两大基础理论之一。对于发现创业，想开发机会，做成优秀企业，成就一番事业的创业者来说，创业战略体系是最佳的经营思路制定指导。

制定创业战略分成锁定创业机会、审视资源禀赋、制作赛道地图、选择立业路径、明确创新重点、确定三年目标、设计竞争支点七个步骤。创业战略制定七步法依据风险投资行业的四大工具，结合战略三要素整合形成。创业者通过这七个步骤制定出符合创业成功规律的创业战略。

9.1　制定创业战略的步骤及制定要点

步骤一：锁定创业机会，如图 9-1 所示。

锁定创业机会	• 创业从确定创业机会开始，选对机会就成功一半。 • 机会逻辑化，找到产业缺口，明确机会驱动因素。 • 机会痛点化，业务更精准。

图 9-1　锁定创业机会要点

创业从发现创业机会开始。选择创业机会，就是选择创业方向。所谓选择大于努力，讲的就是创业机会的重要性。机会没有到来，创业者即使能力很强，资源很多，也没有必要贸然行动。

发现机会后要认识机会。要认识到产业缺口，理解机会产生的原因，识别机会的驱动因素。认识机会、把机会逻辑化是创业者克服困难、长期坚持的信心的来源。

认识机会之后，还要机会痛点化。机会痛点化就是要找到一类客户、一个场景的一个痛点。痛点不明，行动无力。在其他痛点不明时，价格是永远的痛点。

创业有窗口期。过早行动，技术不成熟，教育市场成本太高。过晚行动，同业竞争激烈，市场关键资源被先发者占领。选择创业时机，既是运气，也是实力。

步骤二：审视资源禀赋，如图 9-2 所示。

审视资源禀赋	<ul><li>资源对于业绩影响重大。</li><li>创业者是最关键的资源。</li><li>能成为用户购买理由的才是优势。</li><li>结盟是弥补资源短板的重要途径。</li></ul>

图 9-2 审视资源禀赋要点

资源是企业的基础。资源对业绩影响重大，缺乏关键资源是一些创业项目失败的原因。投资就是投入，创业者是创业的最关键的资源。优势不能随意认定，能够体现或者转化为用户购买理由的才是优势。

创业还要识别公司的资源短板。对于资源短板，除了通过引进人才、学习获得，和有相关资源的组织结盟是一个重要途径。

结合资源禀赋选择创业机会是聪明创业者的做法。

步骤三：制作赛道地图，如图9-3所示。

制作赛道地图

- 有地图者得先机。
- "立业三角锥"模型揭示赛道地图通用维度。
- 赛道地图要覆盖同一机会下的赛道。

图9-3 制作赛道地图要点

赛道地图能够展示多种开发机会的途径。通过制作赛道地图，可以帮助创业者认识产业全貌，开辟创业道路。应用"立业三角锥"模型提供的四个维度可以制作赛道地图。制作赛道地图追求模糊的精确，要覆盖同一机会下的主要赛道。

赛道地图制作强调田野调查，强调收集一手市场信息。制作赛道地图要把产业多种业态都体现出来。制作赛道地图的过程也是一个开拓视野、打开格局的过程。

步骤四：选择立业路径，如图9-4所示。

创业战略三要素：目标、路径和支点。其中路径最关键，是战略制定的主要内容。确定战略路径，就是要确定创业公司在价值定位、核心客群、产品品类、商业模式这四个维度的形态。

选择立业路径	· 确定创业战略的路径就是确定"立业三角锥"模型的四个维度。 · 路径边界要清晰，明确做什么不做什么。 · 创业要聚焦路径。 · 慎重开辟新路径。

图 9-4　选择立业路径要点

确定战略路径可以借助赛道地图。利用已经制作的赛道地图，在地图上选择有空白、逻辑连贯的点位形态。确定了路径之后，要注重企业的边界。要明确做什么，不做什么；什么自己做，什么找合作伙伴做。

创业要聚焦路径，慎重开拓新路径。路径不清晰或有多条路径是创业失败的重要原因。

步骤五：明确创新重点，如图 9-5 所示。

明确创新重点	· 创业创新"不可能三角"。 · 明确创业项目阶段性创业重点。 · 创新重点决定公司文化导向。 · 模仿和拼接是创业者必要的本领。

图 9-5　明确创新重点

创业离不开创新，但创业创新有"不可能三角"。也就是创业项目不能同时搞新品类、新市场、新商业模式。创业者要依据具体情况明确项目创新属于品类创新、市场创新还是商业模式创新。在一个阶段集中力量做好一种创新。

创新重点决定公司文化导向，建设产品导向、市场导向等企业文化，要与公司创新重点相匹配。

在完善企业能力过程中，要借助模仿和拼接方式把外部能力内部化。

步骤六：确定三年目标，如图 9–6 所示。

图 9-6　确定三年目标要点

确定战略目标从确定公司在未来行业格局中的位置入手。先定地位，再定数字。注意组织建设、团队成长，循序渐进，一步一步打好发展基础。

战略目标多不如少，集中团队注意力，一个台阶一个台阶突破。

创业从 0 到 100，从业务战略态势来说分成探索期、突破期、聚焦成长期、商业闭环期、资源成长期、竞争壁垒建立期六个阶段。创业者把握公司发展节奏，全盘协调业务战略态势、团队生命周期阶段、市场启动阶段的关系。

步骤七：设计竞争支点，如图 9–7 所示。

设计竞争支点	• 有支点的战略才完整。 • 支点建在有价值、可积累的环节上。 • 把先发变为优势。 • 独占关键资源,优势变为护城河。

图 9-7 设计竞争支点要点

好生意总会引来竞争。有"要塞"的业务才完美,有支点的战略才完整。竞争支点要选择建在可积累的价值环节上。公司要围绕支点长期投入资源,巩固支点,加强支点。在行业竞争到来后,竞争支点支撑公司长期竞争优势。

创业创新者要主动争取先发优势,避免被跟随者超越。

把竞争优势发展为"护城河",需要独占形成竞争优势的关键资源。

9.2 基于商业模式建立战略监控指标

本书前面的内容讨论了创业战略的概念,并且结合创业规律、案例,讲解了创业战略的制定步骤及要点。按照这些步骤和要点,创业者能够制定符合创业规律的战略。

创业者和团队制定完成公司战略,明确了路径、目标,确定了竞争支点之后,核心工作就是带领团队搞执行,实现战略目标。

创业者要做战略实施监控。战略实施监控怎么做？先看看投资人怎么做。投资人做投资后管理，实质就是战略实施监控。一般投资人会通过董事会来落实战略监控职责。投资人不参与日常管理，对于公司技术、产品、销售的细节，也都不清楚。他们怎么能够做到有效监控所投资公司的战略实施情况？答案是，他们有战略实施监控指标，依据指标检测数据变化，对比行业标准，做出项目创业战略执行状况判断。

1. 战略实施监控指标建立

这套战略监控关键指标通常是投资人根据项目所在行业、商业模型以及项目创业创新重点提出的，包含三方面的指标：

（1）收入模型。收入模型是指公司通过销售产品或提供服务获得收入的方式和机制。它描述了公司的商业模式，包括产品定价、销售渠道、市场定位以及与客户互动的方式。收入模型涉及的关键问题包括产品定价策略、付费模式、销售途径等。

收入模型的关键特点如下：

» 描述了公司的商业运作方式，从哪里获得收入。

» 考虑产品或服务的市场定位、竞争策略和客户群体。

» 可以包括一次性销售、订阅模式、广告收入等多种形式。

（2）盈利能力。盈利能力是指公司获得的收入与其承担的成本之间的关系。盈利能力不仅关注公司是否实现盈利，还关注公司的盈利水平和可持续性。盈利能力涉及的关键指标包括毛利润率、净利润率、投资回报率等，用于评估公司的经济效益。

盈利能力的关键特点如下：

» 衡量公司在销售产品或提供服务后实现的盈利水平。

» 与成本结构和收入模型紧密相关，反映公司的经济健康状况。

» 可以通过不同的财务指标进行评估，例如毛利润、净利润、周转率等。

（3）成本结构。成本结构是指公司在运营过程中产生的各种成本的组成和分配，它涉及生产、销售、营销、管理等各个方面的成本。了解成本结构对于制定有效的成本控制策略和提高盈利能力至关重要。成本结构也与盈利能力和收入模型直接相关。

成本结构的关键特点如下：

» 描述了公司运营中各种成本的来源和分布。

» 涵盖直接成本（与产品或服务直接相关）和间接成本（与整体运营相关），如采购成本、人工成本占比、研发费用占比、租售比、服务成本、项目实施成本等。

» 与盈利能力密切相关，因为有效的成本管理可以提高盈利水平。

投资人分析和评估一个项目时，收入模型、盈利能力和成本结构是三个关键方面。有经验的投资机构在做投资调查时，会全面分析创业公司这三方面的数据，并且会结合项目商业模式、行业、战略目标，挖掘影响最大的关键节点，确定 3 ~ 5 个指标，作为长期关注的关键指标。通过对这些战略监控关键指标的跟踪推动公司创业战略落地。

投资人的这些经验，创业者也可以学习借鉴。通过建立战略监控关键指标发现业务模型的关键节点，并且长期关注关键指标的变化，保证创业战略的顺利实现。

下面，作者整理了一些常见的战略监控指标，供创业者构建适合公司情况的关键指标时参考（见表 9-1）。

表 9-1　战略实施监控参考指标

行　　业	战略监控关键指标
餐饮业	翻台率、客单价、员工人均销售收入、租售比、毛利率
酒店业	入住率、RevPAR（每可用房间收入）、顾客满意度
App 应用	用户活跃度、注册用户数、APPU 值、推荐指数
电商品牌	销售增长率、销售费用占比、老客户复购率、毛利润、存货周转率
设备制造商	毛利率、现金流转周期、项目验收后收款指标、人效、研发费用占比
零售业	库存周转率、客单价、租售比、毛利率
轻医美	病人转介率、新客户获取成本、治疗成功率、复购率、项目周期

续表

健身行业	会员留存率、新会员获取成本、平均每年会员收入、课程参与率、健身设备使用率、租售比、固定资产收益率
自媒体	粉丝/订阅数、粉丝互动率、内容互动数、阅读/观看时长、转化率、转发/分享率等
私域运营	粉丝/订阅数、用户互动率、转化率、复购率、用户生命周期价值、社群活跃度、私域流量转发率等

特别需要说明的是，以上指标是这些行业常用的指标。但是，战略监控关键指标不是固定不变的。随着新行业、新商业模式的产生，人们还会创造出新的指标来。并且，公司战略阶段不同，战略目标不同，创新重点不同，战略监控指标也应当调整。

2. 财务分析与战略实施监控

一般来说通过对损益表、现金流量表、资产负债表的分析，已经能够清晰完整地反映出公司的财务状况。财务报表分析中常用到的指标，如销售增长率、利润、毛利率、库存周转、营销费比等，也是战略实施监控中常用的指标。但是，创业者要知道，财务指标有局限性，不能完整反映战略执行情况。

首先，企业的商业模式涉及的对象就超出了公司法律主体覆盖范围。财务报表并不反映公司法律主体之外业务模式关联方的状况。前文讨论过，商业模式分成三部分：价值创造、价值传达、价值变现。现在的创业公司已经很少完全自己制造、自己销售，多数都要借助供应链、渠道、平台等伙伴完成部分价值实现。也就是说商业模式需要关注的范围，已经远远超出了公司法律主体的范围。公司财务报表反映不了完整的商业模式信息。

其次，制定战略是在变化的环境中为企业找活路。关注业务和环境的关系、战略监控指标，就不能完全局限于企业内部，还必须关注到用户、供应商、渠道、流量平台等关键利益相关者对业务的影响。比如，租金成本对多数依靠门店经营的企业的盈利能力影响巨大。但租金是商业地产行业决定的，对零售业等依靠店面经营的行业来说属于环境因素。这种情景中，公司可以通过租售比这个指标把商业地产对业务前景的影响纳入战略实施监控。如果租售比越来越高，就有让企业陷入亏损的风险。决策者就要考虑采取改变目标市场、选择租金低的地方开店，或者把大店改为小店等战略调整措施。

像 Shein、Ur 这样采取快反模式的服装企业依靠高效率的供应链争取市场。其关键竞争力之一就是供应链的反应速度、效率。所以，这类型的企业要采用供应链响应时间指标监控战略实施。通过衡量企业在接收订单后从生产到交付的时间这一快反模式成功的关键点，衡量公司竞争力的状态，确保公司创业战略成功。

App 应用具有明显的网络效应。用户规模越大，活跃用户数越多，网络效应越明显。App 建立起了网络效应，用户迁移成本高，公司就有机会通过扩展多种服务提高收入，增强盈利能力。所以，这类行业中，用户规模、活跃用户数量就是公司战略监控的关键指标。

从作者辅导项目的经验来看，创业者领导团队完成创业战略制定，确定了创业战略的目标、路径和支点设计，就可以说是一个战略能力突出的创业者。如果还能建立战略实施监控指标，会用数字表达战略意图，想用数字指标牵引团队行动，那就是一位优秀的创业者。

多数年轻创业者一开始不具备这样的战略能力。创业者需要通过学习，从读懂财务报表开始，尝试建立公司收入模型、盈利模型、成本结构，边干边学，逐步成长为优秀创业者。李想就是这样的榜样。他高中毕业开始创业，如今成长为战略能力突出的千亿级科技公司的创始人。名创优品叶国富、泡泡玛特王宁也都是在创业过程中学习成长起来的、具有优秀战略把控能力的创业者。

9.3　战略实施，要迭代不要折腾

战略实施要迭代不要折腾。迭代原来是一个编程开发术语，指的是把程序运行的结果返回输入端，作为输入参数再运行一遍。折腾指的是做事没有延续性，老是推倒重来。前面积累的经验教训后面都用不上。资源少、底子薄的创业公司经不起折腾。折腾几次，要么创业的窗口期没了，要么资金耗尽了。

那对于战略实施来说，什么是折腾？

在不同路径上试错，是折腾。

在战略三要素中，路径是核心。确定了路径，也就确定了价值定位、核心客群、产品品类、商业模式。创业公司折腾，也就是不断在价值定位、核心客群、产品品类或商业模式四个维度中跳跃、切换，确定路径的四个维度，任何一个变了，就是路径变了。路径不同，一切都要重新开始。

创业者往往也知道聚焦战略的重要性。但是实践中，有的公司还是经常折腾。深入分析这种情况产生的深层次原因，作者发现，多数是战略路径没有完全确认清楚。四个维度只定了两三个，还有一两个维度没有确定。所以，战略实施中，虽然主观上想聚焦，不折腾，结果还是折腾。

作者认识一个创业项目的创业者曾经在网易工作，有技术背景。他的项目价值定位没有问题，技术没有问题，商业模式经过多年的创业实践，也是清晰的。但是，创业者像多数技术背景创业者那样，总是觉得产品好就应该不愁销路，对核心客群的选择没有上心。他做的是房地产销售支持业务，但是没有对地产客户进一步细分。实际上，地产行业规模庞大，房地产销售特点已经分化为不同的细分市场。比如，从楼盘定位来说，可以分为刚需盘、改善盘、投资盘。这几类项目由于买房者不同，销售方式差别很大。地产公司的这几类盘需要的销售支持特点也就不同。

该公司没有确定战略路径中哪种地产公司的哪种类型的楼盘作为它的核心客群，老想把所有地产公司都作为目标客户，结果就在几类客户需求上反复折腾，搞的产品功能多，但具体从某一类客户需求角度看，独特性又不突出，客户做购买决策时，比较犹豫，以致整体业绩陷入增长瓶颈。

在同一路径上试错，是迭代。

战略路径明确，公司发展中也少不了试错。但试错积累的经验教训可以让公司在下一次尝试时做得更好。经过多次迭代，产品会更加完善，团队也会更加有经验。不偏离路径的试错，失败就不是问题，还是成功经验的必然积累过程。

SpaceX 就是这样的创业成功案例。马斯克开始时计划从俄罗斯买现成的火箭实现他的太空梦想。《硅谷钢铁侠》一书中介绍，马斯克打算以 2000 万美元的价格购买三枚弹道导弹，改装之后送货物上太空。不过，他在俄罗斯待了 4 个月后，买卖没有做成。2002 年 2 月，马斯克决心不买了，打算自己造火箭。

跨行业造火箭，马斯克这个决定，可不是心血来潮。他收集火箭原理相关书籍，并制作了电子表格，表格里详细列明了建造、装配和发射一枚火箭所需要的成本。通过这个表格，马斯克计算，他只要造一枚大小适中的火箭，瞄准搭载小型卫星的市场需求，发射费用能大大低于市场发射报价。随后，马斯克幸运地找到了一个真正对制造火箭细节了如指掌的技术专家汤姆·米勒（Tom Mueller）。米勒在马斯克的表格中增加了新型低成本火箭性能和成本方面的参数，并且与其他团队成员一起完善了建设低成本火箭构想。

不同于波音、洛克希德公司、俄罗斯或其他国家做的大型火箭搭载大型卫星，马斯克设想的创业计划瞄准了低端卫星市场。产品技术路线是借助迅速发展的计算机与电子技术设计制造更适合小载荷的新型火箭。马斯克预见到，如果公司能够大幅度降低每次发射的成本并定期进行发射，将会打开一个全新市场。

马斯克想清楚了他的太空事业创业战略，特别是明确了战略路径，也就是确定了价值定位、核心客群、产品品类，当然还有商业模式之后，他就迫不及待地成立了公司。

2002 年 6 月，太空探索技术公司（SpaceX）低调成立。此后团队沿着公司的既定创业战略路径聚焦坚持，碰到困难，就想办法克服；失败了，就重新再来。

2006 年 3 月 24 日，SpaceX 完全自主研发、自主制造的猎鹰一号火箭第一次试射。发射后不到 30 秒，火箭引擎冒出火焰，猎鹰一号失控坠回地面。

2007 年 3 月 21 日，猎鹰一号火箭再次发射。发射成功，但在进入轨道前的第二级分离时发生了问题，导致卫星未能成功进入轨道。任务失败。

2008 年 8 月 2 日，猎鹰一号火箭第三次发射。发射成功，但第二级燃料泵再次出现问题，使卫星未能进入预定轨道。任务失败。

三次失败让 SpaceX 面临巨大财务压力，公司几近破产。在2008 年年底，SpaceX 进行了最后一次尝试。这时公司的资金已经耗尽，发射任务必须成功，否则只能倒闭。最终这次发射取得了成功，三颗卫星成功进入轨道。

猎鹰一号第四次发射成功标志着 SpaceX 迎来突破性转机。马斯克设想的创业战略路径成功走通。从那以后，SpaceX 逐渐成长为世界商用卫星发射市场的领导者。据统计，2022 年 SpaceX 已经占据该市场 60% 以上市场份额。

折腾的本质是缺乏好战略。

很多创业者满脑子想的都是"怎么做"。"这个事情，我怎么做；那个事情，我打算怎么做；还有一个事情，只要有什么资源，我就要去做。"几乎不思考"怎么想"。光想着怎么做，没想清楚为什么要干，那就难免瞎折腾。

有些项目创业机会没有看准，只是出于刚好有某种技术，或者因为不想打工，就着手创业。开始还信心满满，产品搞出来了才发现根本没有市场。不得已，就只能调整方向，到处找客户，有什么需要就做什么产品。靠运气，折腾求生。

有些项目没有制作赛道地图，只知道市场有某方面的需求，但是不清楚市场上其他公司解决问题的方法。团队做了一段时间之后，发现市场开拓越来越困难。调研市场后才发现，市场早就有比本公司设计更好、更高效的业务模式。创业项目只能推倒重来，换路径。

更多的项目是有目标没路径。一谈到战略，想到的只有愿景与目标，对实现目标的路径思考不清。路径不清楚，创业公司实操中就会表现出核心客户群变来变去；或者产品线开发一堆，爆品却没有一款；或者商业模式犹豫不决，一会儿线上，一会儿线下。团队被折腾来折腾去，无法稳定下来积累战斗力。

还有些项目战略节奏混乱。在聚焦成长期，顶不住诱惑，过早开辟所谓的"第二曲线"，结果陷入分散资源的战略困境。到最后，顶不住财务压力，进行战略收缩，被迫裁掉业务线，导致天量投入白白打了水漂。

创业中这些折腾现象本质上都是因为没有制定好战略。马斯克能成为"硅谷钢铁侠"可不仅因为他有梦想。他创业的项目能够成功，凭借的是他杰出的战略能力。马斯克能够为这些项目很早就规划清楚公司好的创业战略。

可以说，马斯克最厉害的不是技术，虽然他非常懂技术，但是他的创业过程一样有多次失败。他最厉害的地方就是"第一性原理"思考，也就是能够从行业底层逻辑上制定出创业好战略。好战略，让团队虽然历经艰辛，屡次失败，但一旦成功，立刻就闪耀全球，让竞争对手望尘莫及。

路子对了，失败才是成功之母。

9.4 "六种"坏战略

战略失误是创业失败的主要原因之一。多数失败的创业公司创业者的经营思路都有着这样或那样的缺陷。总结起来有六类坏战略，如图 9-8 所示。

```
（1）把愿景、目标当战略。
（2）创业战略构想缺少财务模型支持。
（3）制定战略未把公司放在环境背景中。
（4）路径设计漏维度，包含多条路径。
（5）资源配置无重点，既要……也要……
（6）战略没有指明公司边界，不能指导不做什么。
```

图 9-8 六类坏战略

1. 把愿景、目标当战略

作者在寻找投资项目时，浏览过很多公司网站。很多公司网站的首页上写着"公司的目标是成为行业领导企业，通过技术创新实现产业报国"之类的战略。这类战略就属于把愿景、使命、目标当成了战略。严格来讲，愿景、使命属于管理概念，并不是战略概念。战略三要素是目标、路径和支点。其中，实现目标的路径是战略的核心。缺乏路径的战略是虚的，飘在表面。创业干企业，需要用愿景唤醒团队的激情，开发他们的潜力。但是，企业成功终归依靠的是实干。产品要一个零件一个零件制造，客户需要一个一个开发。脚踏实地、夜以继日地工作，才是创业的本色。

马斯克常常向媒体表示，他觉得人类的未来是移民火星。但是，SpaceX 执行的战略可不是这个遥远的、难以达到的愿景。SpaceX 的创业战略是做低成本火箭，占领商用小卫星发射市场。也就是说，战略的目标、路径是实实在在的、团队可以执行的内容。

创业者需要知道，使命、愿景比路径更容易打动人。历史上，通过提出诱人的口号成功吸引一大批忠实追随者的例子比比皆是。所以，把愿景、使命当成战略，具有相当的迷惑性。贾跃亭造车犯的就是这个错误。他提出乐视汽车要做到电动化、智能化、互联网化、社会化。"四化"汽车的表达当年迷倒了很多投资人。可是，因为缺乏切实可行的、实现这"四化"的路径，公司直到资金链断裂也没有造出量产车。

2. 创业战略构想缺乏财务模型支持

创业公司战略不同于成熟公司的战略。创业具有很大的探索性。成熟公司业务体系是成熟的，收入模型、盈利能力、成本结构等，经过多年的市场检验，团队打磨，已经稳定成熟。创业是这个稳定业务体系的探索和建立过程。创业战略是发现机会后建立开发机会的业务体系的思路。

业务体系构想是否可行，除了考虑市场需求、技术、政策等条件，还必须考虑经济上是否划算。也就是要进行财务模型分析。通过建立收入模型，成本结构、盈利能力分析，推敲创业战略细节，完善战略构想要点，揭示项目商业前景。企业家与学者、科学家的一个显著区别就是企业家懂财务模型。

市场并不是有需求就有供给，也不是出现结构性"需求"，就值得创建公司去抓机会。2012 年，微信推出公众号后，引起各行各业极大反响。社会普遍认为，这将取代公司网站，成为企业在新时代的门户。各行各业的企业、机关单位、个体门店纷纷推出自己的公众号。设计公众号、维护工作号的需求出现，催生了庞大的公众号代运营需求。想创业的年轻人闻风而动，出现了一大批公众号代运营公司。公众号代运营的繁荣现象持续了一年左右，就遇到了整体性大麻烦，相关代运营公司纷纷放弃这个业务。原来，公众号运营业务潜在成本太高，做这个业务赚不到钱。客户要求代运营公司要协助企业发布图文内容。为了生产相关内容，代运营公司就得有采编团队。靠人工提供采编服务，导致代运营公司的成本高于收入，业务难以维系。

避免选择这类创业方向，方法是做财务模型，特别是做成本结构分析。用财务模型模拟实际运营状况，能够帮助创业者做正确的选择。作者指导并投资的一个公众号代运营项目就获得了成功。2014年年初，当时作者和项目创始人一起做了公众号代运营业务财务模型。从数据分析结果判断，做这个生意，只有找公众多但是内容又标准的行业来做。什么行业符合这个标准？酒店业。连锁酒店业每个店公众号内容都差不多。单个采编人员可以服务数量更多的公众号，人效远远高于其他行业。有了正确的财务模型的支持，借助公众号趋势，项目找钱、找人都比较顺利，后来成功占领了该市场。

有经验的创业者都非常重视通过财务模型测算项目可行性。马斯克就是这样的例子。马斯克做火箭公司之前，就做了很长时间的行业研究。研究调查的成果是他制作了一个财务模型，该模型包含火箭的性能及火箭制造的详细成本费用，通过财务模型搞清楚了造火箭的成本结构，看到了低成本火箭的巨大机会后，他才下决心成立SpaceX。

3. 制定战略未把公司放到环境背景中

战略学认为，企业是环境的产物。战略制定者通过制定战略，在变化的环境中为企业找活路。不了解环境，看不到环境的变化，就不可能制定出好战略。

可是，太多公司的"战略"只是依据自己的资源条件或者意愿构想公司要做的事情。对于用户有什么变化，竞争对手有什么变化，行业格局有什么变化，管理政策有什么变化，行业技术有什么变化，这些环境关键变化了解不够。对于环境变化会对公司的业绩产生的影响以及应该如何应对想得就更少了。

孙子兵法说："不知彼而知己，一胜一负。"对环境变化缺乏了解，必然导致战略失误。黑莓在手机市场上曾经占据主导地位，但在智能手机和移动互联网兴起时，未能跟上市场的变化。黑莓坚持自己的操作系统和硬件设计，未能应对 Android 和 iOS 的竞争，最终导致了市场份额的下滑。柯达曾经是胶卷相机的领先品牌，但在数码相机技术兴起时，未能跟上市场的变化。柯达坚持固守胶卷业务，错失了数码相机市场的机会，最终导致公司的破产。

战略制定者通过对环境进行全面、深入的分析，预判行业变化趋势，识别出其中的机会和威胁，趋利避害，制定战略。创业公司实力弱，抗风险能力差，对环境变化应该更加敏感。所以要把公司放到环境背景中、站在外部视角看企业。

4. 路径设计漏维度，包含多条路径

确定创业战略路径，需要确定公司业务的价值定位、核心客群、产品品类、商业模式四个维度的形态。常见路径设计问题是缺乏

某一个维度的设计导致公司战略路径不稳定，实际包含多条路径。

在上一节讲过，不少创业公司主观上想聚焦发展，行动上还是陷入折腾困境。其中一种原因就在于，其战略路径设计漏了维度。

小鹏汽车价值定位是科技感，强调智能驾驶性能，P7 也落实了这个价值定位，成为 2021 年的爆款电动车，月销量过万。可是，由于公司战略路径没有锁定目标客群，随后上市的 P5、G9 做了不同的细分市场。2022 年公司陷入多线作战的困境。车型更多，销量反而下降。最低的时候，整个公司一个月销量只有 5000 台。不得已，2023 年调整战略，聚焦做 20 万～ 30 万元这个细分市场。经过一年的调整，销量才重新提升到月销售 2 万台车的水平。虽然小鹏汽车经过战略调整销量有了起色，但是也错过了两年的市场爆发期，收入规模不到战略路径更清晰的理想汽车的四分之一。

5. 资源配置无重点，既要……也要……

战略的关键在略。略的要义是把资源集中到关键的工作上。战略要成功，就要明确资源分配的重点。忌讳面面俱到，缺乏重点，无的放矢。面面俱到的"战略"，会因为内部资源争夺、团队冲突陷入混乱或低效率。

社交媒体网站 MySpace 曾是音乐和社交网络领域的领导者。2005 年新闻集团旗下福克斯互动娱乐斥资 5.8 亿美元收购

MySpace。收购后，默多克给 MySpace 制定了野心勃勃的发展战略，既想做社交网络，又想做电商平台卖唱片，试图在音乐、社交和电商等多个领域取得成功，既要……也要……的战略，执行的结果是核心功能——社交网络——被削弱。没有了用户的支持，电商也发展不起来。相比之下，与之竞争的 Facebook 只专注于社交网络领域，集中资源将 MySpace 挤出市场。2009 年 7 月 6 日，默多克宣布 MySpace 失败，自己承担全部责任。

制定战略不是"对与错"的选择，而是"对与对"的选择。2005 年的互联网，无论是社交网络还是电商，都有机会。默多克不肯在这两个机会中做选择，想"既要……也要……"，导致即便有垄断的媒体资源做后盾，MySpace 也惨遭失败。

6. 战略没有指明公司边界，不能指导不做什么

还有一类容易忽视的坏战略，就是公司战略没有明确不做什么，容易导致如下一些问题。

（1）资源分配不合理：如果公司战略没有明确的边界，可能会导致资源分配的不合理。公司可能会在某些不相关或非核心业务领域投入过多的资源，而忽视了核心业务的发展。这会导致公司在核心领域的竞争力下降或错失机会。

（2）与合作伙伴利益冲突：没有明确的战略边界，公司可能

会在某些领域与合作伙伴的利益发生冲突，抢了合作伙伴的生意。这可能导致合作伙伴关系的不稳定，甚至可能损害公司的利益。

（3）决策困难：没有战略边界，公司在面临重大决策时可能会感到困惑和犹豫。没有明确的方向和优先级，决策可能会受到各种因素的影响，导致决策过程复杂化。

乔布斯回归前的苹果公司涉足了多个产品线和市场，包括个人电脑、打印机、数字相机等。产品线过于庞大，苹果公司品牌形象变得模糊不清。公司缺乏一个统一的品牌形象和定位，这使得市场对苹果公司的认知相对混乱。在这个时期，苹果公司与多个合作伙伴建立了复杂的关系，包括与其他硬件制造商的合作以及许多授权许可协议。这些关系并不总是互利共赢，也出现了与一些合作伙伴的冲突，特别是在授权许可方面。

乔布斯回归后，他采取了一系列果断的措施，包括精简产品线、强调设计和创新、集中精力于核心业务，以及推出了具有变革性影响的产品，如 iMac、iPod、iPhone 和 iPad。这些举措帮助苹果重新确立了明确的战略边界，增强了公司的聚焦性和创新力，最终使苹果成为全球最有价值的公司之一。

第10章　创业战略在企业中的应用

10.1 经济寒冬下的战略制定要求

经济寒冬，企业的经营环境变得恶劣。公司找活路，变得更加困难。公司战略需要"更透、更准、更科学"。

创业就是发现机会，带领团队开发机会。创业要成功，需要有机会条件，要借助环境红利。每年都会出现创业机会不均等问题，有些年份创业机会特别多、特别好，引发创业浪潮。

历史上，我国有过几次创业大潮期。

1984 年政府决定进一步扩大国营企业自主权，让企业拥有更多的经营权和管理权。同年，还宣布将进一步开放大连、天津、上海、广州等 14 个沿海港口城市，以加快对外开放的步伐。政策红利刺激下，海尔集团、TCL 集团、万科集团、联想集团等著名企业在 1984 年设立。

20 世纪 90 年代末，互联网浪潮席卷全球，触发了一波创业大潮。网易成立于 1997 年，腾讯成立于 1998 年，新浪成立于 1998 年，携程成立于 1999 年，阿里巴巴成立于 1999 年，百度成立于 2000 年。

2010 年智能手机时代开启，新的一批大型企业诞生。美团成立于 2010 年，小米科技成立于 2010 年，米哈游成立于 2011 年，字节跳动成立于 2012 年。

2014 年政府提出"大众创业，万众创新"，激发了新一波的创业浪潮。蔚来汽车、小鹏汽车成立于 2014 年。理想汽车、滴滴出行成立于 2015 年 7 月，拼多多成立于 2015 年 9 月。

有高潮就有低谷。也有些时间段，环境变差，出现创业公司倒闭潮。不过，好的时代也有失败者，坏的时代也有成功者。宏观环境不好并不是完全没有机会。环境好坏对于已经发现创业机会的人来说，差别在于行动是大胆的还是谨慎的。

赶上创业好时期，创业者可以步子迈得更大些。试错快，融资快，行动快。赶不上创业好时期，创业者就需要更加谨慎，不贪多求快。

如今，受到地缘政治和国内经济周期的影响，我们的经济增长速度放缓。经济增长速度放缓，微观上就是企业的机会变少。机会变少，企业之间的竞争程度就会加剧，对创业不友好。在这样的环境中创业，想要成功，创业战略制定上就要更透、更准、更科学。

"更透"表现在认识机会时，要更透彻。要看清机会，看透机会背后的驱动因素。审视资源禀赋时，要更加谨慎。"料敌从宽，判己从严"，从机会特点、用户需要角度分析自己的长处和短板，制作赛道地图不能马虎，数据收集要到位，不漏掉重要市场参与者的信息。

"更透"还表现在努力穿透需求，认识到行业的底层逻辑。从行业本质角度看清行业长期趋势。

"更准"表现在制定战略路径要边界更窄更清晰。把资源聚焦到更有优势、更有特点、更狭窄的航道上。抵制诱惑，不急于求成。稳扎稳打，循序渐进。

"更科学"体现在创业者制定战略时，要做到逻辑和事实相互验证。一个决策必须既有逻辑，又有事实。逻辑不通不做，缺乏事实依据不做。战略决策避免陷入逻辑陷阱，也避免陷入经验主义陷阱。

制定创业战略，遵循"更透、更准、更科学"的原则，目的就是抓住当下稀缺的创业机会，在经济寒冬逆势而上，脱颖而出。

10.2 初创企业中的应用

创业初始，最重要的事情是选择创业机会和融资。

1. 认清创业选择的 10 个问题

方向选错，努力白费。如何确定设想的创业机会是否是一个值得冒险去做的机会？这是让很多创业者头疼的问题。有创业者分享过一个方法，就是找三五个投资人朋友分享他们的创业设想，听听他们的看法。通过跟投资人朋友讨论，使自己认清机会，更好地做决策。

如果创业者有这方面的条件，这的确是一个好办法。如果没有这方面的条件，创业者也可以自行应用创业战略提供的机会分析方法，对照着分析判断。具体来说，可以问 10 个问题：

（1）看好的机会是什么？

（2）看好的机会对应的未满足需求缺口是什么？

（3）这个需求缺口是结构性的吗？

（4）驱动需求的因素是哪种？

（5）现有企业存在什么问题，为什么不能自行填补这个缺口？

（6）计划切入的用户痛点是什么？

（7）现在还是开发这个创业机会的窗口期吗？

（8）开发机会的关键资源和能力是哪几项？

（9）你具备的优势资源是什么？

（10）你还需要弥补的短板是什么？

创业者可以通过回答这 10 个问题，认清机会本质，了解用户痛点、机会窗口期，并看看自己是不是具有创业的必要资源。

创业者常见的错误是，没有想清楚为什么要做，就着急开干。本着"机不可失"的想法，期望可以"干了再想""边干边想"，在创业中调整方向。可真正搭建了团队，开始干了，才发现战术的勤奋弥补不了战略的懒惰。方向的选择问题必须一开始就想清楚。开干了就很难回头。孙子兵法说"败兵先战而后求胜"，指的就是这种情况。选择创业机会就是选择创业方向，也是制定创业战略的首要问题。这个错了，资源条件再好，技术再高超，创业者再勤奋也难有好结果。

作者一个朋友，2014 年美国博士毕业，回国创业做 AI 声纹识别。现在项目就遇到了很大的麻烦。当初定下这个创业方向时，主要考虑 AI 是个大趋势，他们的技术能力强，能做好 AI 声纹识别产品。可是对什么客户有什么痛点，需要这样的产品解决他们的问题研究不够。几年下来，付出了巨大的努力，也没有走出需求不强的困境。

2. 天使投资人看重什么

创业要想顺利融资，需要知道投资人看重什么。初创阶段的项目产品还不成熟，市场验证也不充分。投资人也无法通过项目过往的财务数据判断项目前景。这种情况下，投资人怎么判断项目？重点在看人，也就是看创业者。看人有很多方面。比如要了解创业者的背景、过往的创业经验、取得过的成绩等客观方面，也要了解创业者对创业机会的分析，对自己长短处的认识，对项目的经营思路等主观方面。

对机会有深刻洞察，对自己长处短板有清醒认识的创业者，容易打动投资人。可惜，就作者过往的投资经验来看，按照投资人的标准，算得上对机会有深刻洞察力的创业者很少见。达不到投资人的要求，创业者当然就会错过融资机会。其实，学习了创业战略，能够回答前文的十个问题，就能让投资人眼前一亮。创业者在自我评估时，如果发现自己回答不了这十个问题，那就说明对创业机会还没有认识清楚。如果是这种情况，不建议着急见投资人。见了也白见，不如先做些研究，把应该想清楚的，先想清楚了。

10.3　创业战略在中小企业中的应用

公司创业多年后，已渡过了初创期，成为具有一定业务基础的中小企业，表现出如下几方面的特点。

（1）数量多。企业总数的 90% 以上都是小微企业。这些中小企业广泛分布在各个行业和地区，是就业的主体。

（2）创新力强。中小企业经营灵活，在生存压力下，中小企业求变求新。产品创新、模式创新都比较活跃。

（3）竞争力不强。相比大型成熟公司，中小企业普遍没有积累核心竞争力，资金实力弱，人才缺乏，盈利能力差。企业的经营状态受环境影响大。

（4）管理不够规范，制度不够健全。中小企业在管理方面相对不够规范，缺乏完善的管理制度和流程，导致企业运营效率较低，风险控制能力较弱。

中小企业在行业中位于中后部，主流市场被行业头部企业占据。中小企业的生存空间往往是细碎的分支市场。这样的市场地位，在经济环境不好的时候，使中小企业更容易陷入"边缘生存"状态，在死亡线上徘徊。

路径模型助力制定好战略。

创业能做成中小企业，证明创业者找对了机会，创新能力强；创业多年还是中小企业，说明创业者的公司战略有缺陷。

作者与众多的中小企业创始人接触过，发现他们的战略普遍存在路径不清晰的问题。路径不清晰导致公司发展中心摇摆不定。公司要么在反复折腾中空耗资源，要么在行业内卷时不断丢掉市场份额。

创业战略提供了战略路径模型，并且提出了战略路径的选择原则。借助创业战略框架，中小企业创始人能大范围整理行业信息，制定更好的公司战略。有了好战略，就能把稀缺的资源集中到更有效的路径上，实现公司突破性发展。

创业战略的路径模型提出路径包含价值定位、核心客群、产品品类、商业模式四个维度。确定路径就是要确定这四个维度的点位形态。漏掉任何一个维度的点位形态，都会导致公司创业战略路径不清晰，不稳定。战略路径模型突破战略定位理论局限，清楚地告诉公司战略制定者，搞定位只是确定战略的一部分。好战略必须完整确定包含定位在内的四个维度点位形态。

而且，路径四维度的点位形态还必须内洽。作者看过一家衬衣品牌公司，其价值定位突出舒适的弹性面料，可是商业模式又强调定制化生产。在人们的固有观念中，弹性面料不挑身材，与定制模式的价值指向不同。这样的战略路径就违背了维度内洽的原则。商业模式与价值定位相抵触，让消费者对该品牌的认知混乱，品牌营销效果大打折扣。作者给的建议是，商业模式往弹性面料供应链延伸，建立起独具优势的弹性面料供应链。价值定位和商业模式一致，突出竞争优势，力出一孔，公司的营销会更成功。

另外一个让中小企业发展陷入僵局的常见原因是成长节奏混乱。创业是有节奏的长跑。创业从 0 到 100，需要在六个战略阶段中转换。如果公司的成长节奏没有跟随阶段适时调整，就会导致发展停滞，被对手超越。

度过了初创期的企业都成功经历了探索期和破局期。接下来如果顺利发展，还要经历聚焦成长、商业闭环、资源成长、建立壁垒四个战略阶段。后面的四个阶段，公司如果没有适时调整节奏，都能让公司发展停滞或倒退。

破局之后，接着是聚焦成长。聚焦成长就是心无旁骛，把资源集中到已经破开的市场，组建更大团队，专注提升产品渗透率，寻求公司成长。这个阶段，有些创业者会延续探索期的心态，认为还应该去尝试其他机会。于是，分散资源去搞了多个产品线，或者去开拓其他市场。小鹏汽车在 P7 取得成功之后，没有集中资源继续迭代 P7，而是推出不同目标市场的 P5 和 G9。在激烈竞争的新能源车行业，创业公司不聚焦，结果当然是会丢掉领先的发展势头，造成了难以弥补的战略损失。

聚焦成长之后，接着就要形成商业闭环。在这个阶段，公司在经营思想上要把盈利摆到第一位。不能继续为了发展速度容忍亏损。形成商业闭环是企业成长不能跨越的阶段。盈利是对企业的商业模式、组织建设、管理体系等全方位的考验。取得持续盈利，对创业公司来说是走向成熟的洗礼。没有经历过盈利考验的项目，往往管理松散，内部腐败横行。即便规模和增速看上去不错，那也是花架子，是不可持续的。创投圈有"C 轮死"的说法，指的就是不少项目获得 C 轮融资后，由于市场竞争和公司内部问题等原因，导致公司无法再获得下一轮融资，从而面临生存困境、最终倒闭的现象。"C 轮死"现象的深层原因就在于项目未成功建立商业闭环。项目没有盈利，靠融资"烧钱"推动公司发展。一旦市场有变化，业务有波折，项目融不到资金，就失败了。

商业闭环后面就是资源成长阶段。在这个阶段，公司要打开胸怀，通过大量引入资金、人才等资源，让公司进一步成长。这个阶段，是公司成为行业龙头还是止步不前的分水岭。作者见过多个领域的中小企业，这些企业盈利状况还可以，股东每年都能从公司拿到不错的分红。也许是小富即安的思想，公司股东都不愿意稀释股份，引入资本。几年后，原来规模差不多的同行在投资机构的帮助下成功上市，然后同行企业拿上市募集到的几个亿、十几个亿的资金，全面改善营销、生产、研发等业务环节，企业实力得到大提升，成为行业龙头。原来差不多规模的两家公司变成"一个天一个地"。关键阶段没有打开胸怀、依靠资源成长的企业，再也没有机会追上了。

资源成长后，就要建立壁垒。资源成长也有阶段性。资源投入超过一定规模后，边界效应会递减。依靠资源投入驱动的增长，企业会大而不强。时间久了，还会形成巨大的负债。无论是国企还是民企，都有这类资源堆起来的、大而不强的案例。在信贷紧缩的时期，这类公司会面临极大困难，业绩会倒退，甚至轰然倒闭。恒大地产就是这样的例子。把竞争支点建成战略要塞，成为有护城河的企业，才能穿透经济周期，成为百年老店。

中小企业经营的中心主题是成长。创业战略把创业从 0 到 100 的成长历程划分为六个战略阶段。每个战略阶段，公司要完成的战略任务不同。中小企业应用创业战略就能够更好地把握企业不同阶段的主要任务，及时根据战略阶段变化转换经营重心，实现公司持续成长。

10.4 创业战略在大型企业中的应用

大型企业早已度过了创业阶段，业务稳定成熟。多数时候，大型企业战略思考的重点是如何与老对手展开市场份额争夺。创业战略关注点不是竞争，而是机会的发现与开发。因此，创业战略理论不适合指导大型成熟企业的战略制定。

不过，在市场环境加剧动荡的大背景下，大型企业在面对下面两种情景时，创业战略也能指导企业制定应对环境变化带来的机遇与挑战，帮助企业找到合适的生存之路。

1. 指导企业开拓新业务

大型企业要做强做大，除了在原有的业务领域展开竞争，还要开拓新业务。大型企业做新业务，本质上也是创业。也要经过认识机会、确定窗口期、审视资源、制作赛道地图、设计新业务路径这些过程。这些新业务战略思考的关键环节，正是创业战略研究的重点。

认识机会，确定进入时机，这对大型企业来说也是一大困难。2010年在中国IT领袖峰会上，主持人问李彦宏、马化腾、马云等对于云计算的商业前景有什么看法。李彦宏说，云计算只是新瓶装旧酒，不是新东西；马化腾说这个是好东西，但是太遥远了，要想变得像水和电一样便捷，还要等很久；只有马云说云计算是数据的处理、存储，然后谈了分享的机制。马云说看互联网历史，"最怕的是老酒装新瓶的东西，看不清别人在玩什么，突然爆发出来最可怕"，"如果不做云计算，未来会死"。后来，无论是阿里巴巴，还是腾讯和百度，都把云计算作为战略性业务。可只有最早认识到云计算机会，并坚定投入的阿里巴巴，才具有先发优势。阿里云长期占据中国市场的最大份额。

可见，机会和时机判断错误，对资源丰富、资金实力雄厚的大型公司来说，也是重大的战略失误。造成的机会损失可以说是难以弥补。大型公司面对新技术、新市场时，一样不能轻视其中的机遇与挑战。一不小心，就会错过关键的时间窗口，公司可能就要被时代埋葬。应用创业战略，能够让大型企业更好地认识机会，把握新行业进入时机。

即便认识到了机会，大型企业在评估资源时，还是会出现惯性错误。很多历史悠久、业务成熟的大型企业会习惯性地从历史和老业务视角来评估在企业开拓新业务的优势和短板。诺基亚曾经是手机市场的霸主，在智能手机兴起时，也注意到了智能手机的机会。诺基亚推出的 N90 智能手机采用的是塞班操作系统，拥有较高的硬件配置和强大的拍照功能。还推出了 N95，拥有 500 万像素摄像头，支持多种功能，如 GPS、Wi-Fi 等。但是正因为对新兴市场的潜力以及对自身技术优势的过度自信，导致诺基亚忽视了苹果和谷歌等创业公司在智能手机领域的创新和布局。结果，诺基亚逐渐失去市场主导权，最终被其他公司超越。

创业战略强调评估资源长处和短板，要站在新机会视角，要从未来而不是过去的角度客观分析企业的优势和短板。大型成熟企业引以为豪的优势很有可能在新机会视角下是劣势，是阻碍新业务成功的障碍。认清问题是解决问题的前提。大型企业如果应用创业战略就可以客观地看待这类问题，因此也就能够让企业采取针对性的措施，排除新业务成功的障碍。

此外，创业战略提供的赛道地图制作方法、创业战略路径设计工具，贴近新业务战略设计需要，能为大型成熟企业开拓新业务提供有价值的策略建议。

2. 指导企业转型

在环境变化日益加剧的背景下，我们时常能够看到大型企业赖以生存的行业整体被新行业颠覆。不幸处于即将被颠覆的行业企业要想活下去，就必须转型。转型就是创业。创业战略比竞争战略更合适给转型企业提供方法论指导。

计划转型的企业首先要正确判断所处的行业是否真的面临被颠覆的危机。创业战略从底层逻辑分析机会如何产生与毁灭，揭示了技术、市场、政策、管理成本是机会的驱动因素，也是行业的毁灭力量。如果发现毁灭力量已经确定，企业就不应该心存侥幸，而是要尽早开始部署转型。如果毁灭力量并没有真正出现，行业只是出现了暂时性的困难，那对于已经取得领先地位的大企业来说，主业转型就不是明智之举。相反，不浪费行业危机，利用环境压力，克服内部改革阻力，提升竞争力或许更为可取。

2010年，随着中国政府对钢铁行业的调控加强，钢铁产能过剩的问题逐渐凸显。不少民营钢铁企业被淘汰。作为中国最大的民营钢铁企业之一，沙钢也受到了行业调控的影响。但沙钢没有放弃主业，在这个阶段，沙钢积极响应国家政策，推进产品结构调整和技术升级。一方面，沙钢加大了对环保设施的投入，提升企业的环保水平，以符合国家对环境保护的要求；另一方面，沙钢也积极探索新的发展模式，如发展循环经济、推进智能化制造等，以提高企业的竞争力。

同时，沙钢还加强了与国内外企业的合作，通过兼并重组等方式进一步扩大自身规模和市场份额。这些措施使得沙钢在行业调控中保持了稳定的发展态势，并逐渐成为全球领先的钢铁企业之一。

如果确定了行业要被颠覆，那企业就必须转型，往什么方向转型，就是最为重大的战略决策。选择转型方向和选择创业方向本质是一样的。创业战略因此可以提供理论指导。

苏宁电器在全国各城市的核心商业圈建立了庞大的家电专卖店。电商时代来临，苏宁店面模式面临电商模式的颠覆性冲击。张近东选择向电商转型，搞了苏宁易购应对京东等电商平台的竞争。现在看，这个转型方向选择是错误的。苏宁做电商，过去线下店面积累的资源，不仅不是优势，反而成了累赘。在电商竞争对手和线下店面资产的内外夹击下，苏宁积累的庞大资金消耗殆尽，企业一步步陷入失败困境。

按照创业战略理论，往颠覆性行业方向转型，是一个必输的选择。假设，苏宁创始人张近东当年不决策上线网络商城，而是转型其他方向。他领导苏宁，按照创业战略观点，通过筛选能发挥资源优势的方向，进入如精品酒店业、餐饮业、综合体验购物业态等，今天苏宁面临的经营局面一定会好很多。